ARTES MARCIALES
INTERNAS

Michel Chiambretto

Discovery Publisher

Título original: Internal Martial Arts
©2020, Discovery Publisher
All rights reserved

Para la edición española:
©2021, Discovery Publisher
Todos los derechos están reservados

Ninguna parte de este libro puede ser reproducida en forma alguna, ni en ningún medio electrónico o mecánico incluidos medios de almacenamiento de información o sistemas de recuperación de datos, sin el permiso escrito de la editorial.

Autor: Michel Chiambretto
Traductor: Nerea Vidaña Vargas

616 Corporate Way
Valley Cottage, New York
www.discoverypublisher.com
editors@discoverypublisher.com
Orgulloso de no estar en Facebook o Twitter

New York • Paris • Dublin • Tokyo • Hong Kong

TABLA DE CONTENIDOS

Introducción	9
La dimensión marcial	15
El enfoque "apropiado" a las artes internas	25
Las etapas del aprendizaje	35
1. La progresión de aprendizaje en las artes marciales	36
A. Incompetencia inconsciente	36
B. Incompetencia consciente	36
C. Competencia consciente	38
D. Finalmente: competencia inconsciente.	38
2. La progresión en las artes marciales internas.	40
A. Incompetencia inconsciente	42
B. Incompetencia consciente	42
C. Competencia consciente	43
D. Finalmente: competencia inconsciente.	44
Nuestro funcionamiento mental	47
1. Síntesis de la teoría del cerebro triuno	47
2. Aplicar la teoría a las artes marciales	49
3. Los diferentes tipos de rituales según Konrad Lorenz	52
4. Un posible enfoque a lo "espiritual"	53
El aliento: Qi, Ki	55

Nociones complementarias	63
1. El Yi	63
2. El Jinghsen	65
3. Receptores y emisores de Qi	68
4. La transmisión del conocimiento	71
Meditación de pie	73
Primer paso	77
Segundo paso	81
Tercer paso	83
Cuarto paso	86
Quinto paso	88
Sexto paso	89
Guiando al aliento en el movimiento	91
Empuje de manos	107
Epílogo	117
En conclusión	123
Bibliografía	125
Otras referencias	126

ARTES MARCIALES
INTERNAS

Michel Chiambretto

Introducción

El objetivo de esta guía es de ayudar a aquellos que, habiendo explorado *el mundo de las artes marciales* durante muchos años, ahora están en busca de la conocida dimensión "interna" de su práctica. De hecho, todo practicante de las artes marciales que no se ha convertido en un profesional en el arte de su elección, o que no ha asumido un papel en su administración, reflexiona sobre cuál es el objetivo que persigue. La ambición de descubrir *la dimensión oculta* de la práctica aparece con la lenta pérdida de la euforia del aprendiz y con la desaparición del deseo de convertirse en invulnerable.

Debería quedar claro desde el principio que lo que se mostrará en este libro no es ni una teoría construida mediante la combinación de textos esotéricos budistas o taoístas, ni un método compuesto por partes arbitrarias y respondiendo a sentimientos subjetivos. No hay ni milagros, ni magia, solo un enfoque concreto y comprobable, como debe ofrecer cualquier arte marcial digna de su nombre.

Pero el problema es el siguiente: actualmente, las conocidas como artes marciales "internas" se han convertido en "productos" dirigidos al mayor número posible de gente y deben, por consiguiente, ser fácilmente accesibles, prometiendo al mismo tiempo salud, fuerza, poder y a veces, una dimensión espiritual disponible para todo el mundo. Promesas compartidas por todas las teorías existentes como resultado de la Nueva Era, por cierto. Por lo tanto, no es una sorpresa ver a mucha *gente experimentada* en las artes marciales sonreír ante tales sugerencias.

Sin embargo, aunque el fácil acceso no existe en el enfoque tradicional, es cierto que el trabajo interno propuesto permite el descubrimiento de una dimensión inesperada en el interior de uno mismo, o incluso la expansión del campo de consciencia de uno mismo. Pero anticipar un futuro en este tipo de camino no es aconsejable, algo que cualquier transmisión auténtica puede confirmar. ¿Cómo podemos concebir algo que nunca hemos percibido de otro modo que no sea confiando en exageradas imágenes, como se ha mencionado anteriormente?

En ese caso, ¿qué puede aportar esta guía al practicante? La respuesta es: indicar una dirección a seguir, compuesta de puntos de referencia concretos que se expanden por el camino de una tradición ancestral, cuya herencia se ha transferido hasta día de hoy. Se originó en el Lejano Oriente, pero, llegado a un cierto nivel de realización, no se diferencia de ninguna manera de las tradiciones orientales u occidentales, como ya he explicado en mis libros anteriores. Todo lo que va a ser descrito en las páginas siguientes es el resultado de una experiencia, que no es solo personal, pero también de gente que se ha comprometido con el Camino. Una experiencia personal[1] de medio siglo de práctica con la guía de *Maestros* expertos que, como la Tradición indica, han logrado indicar un camino a seguir, así como el uso de herramientas que son esenciales para cualquier progreso. En este tipo de trabajo es importante, e intentaré hacer especial hincapié en esto, saber cómo aceptar consejos de otras tradiciones con la misma naturaleza; el objetivo es evitar cualquier idea de comunidad, lo que podría desembocar en un egocentrismo incompatible con cualquier evolución. Y es ampliamente conocido que, en "el mundo de las artes marciales", el gusto por lo exótico es a menudo el común denominador, caracterizado por una apariencia deseada o incluso por una especulación cultural. Sin embargo, la dimensión interna es de una naturaleza esotérica, lo que quiere decir: oculta, porque es inaccesible para la razón pura y también opuesta a cualquier engaño. Acercarse a ella sólo puede lograrse siguiendo un camino preciso, con herramientas tradicionales, y principalmente proporcionando la instrucción apropiada.

Con esta finalidad y para evitar cualquier malentendido, parece útil definir precisamente el término de "interna".

---

1 De niño, escuela de Judo Kawaishi, esgrima: después, veinticinco años de práctica intensiva de Karate, 1er a 4º dan, en Sanknkai Wadoryu, Shotokan, Shitoryu, Karate de contacto, con Maestros expertos como son: Y. Nanbu, T. Weber, G. Gruss;; 3er dan en combate miliar a mano vacía; paralelamente, asistente durante muchos años de Rung, excampeón de boxeo tailandés de Lumpinee. Después veinticinco años de práctica diaria de un arte marcial interno, de los cuales, diez años de duro entrenamiento con Laoshi Wang XJ, Laoshi Wang SW; sin olvidar los seminarios del Maestro H. Plée; del monje budista H. M.; los consejos iluminados de Wang YS; del maestro de Yoga L. B-M; del maestro A. Franceschini; de Séverin Batfroi; así como la tradición occidental preparatoria.

La confusión entre la dimensión interna—*Nei Chia*—y la externa—*Wei Chia*—es frecuente. En China, el origen de esta diferenciación data de ya sea el siglo dieciséis o el diecinueve, pero es únicamente una ilusión para aquellos que se muestran reticentes a aceptar este tipo de consideración.

Como es a menudo el caso, las oposiciones surgen de diferentes interpretaciones de un mismo término. De acuerdo con algunos, la *dimensión interna* pertenece a todo trabajo hecho con atención en lo neuromuscular y lo tendinoso, es decir, la "mirada mental" del practicante se centra en su actividad física. Para otros, en esta dimensión también se ve reflejada la asociación de motores de coordinación más o menos sofisticados, junto con una oposición virtual que permite una acción muscular isométrica, porque ofrece la apariencia externa deseada. Finalmente, para la mayoría, la visualización por parte del practicante de situaciones de confrontación extrema, así como, por antítesis, de estados de "bienestar", también puede corresponderse con el aspecto convincente deseado.

Es cierto que los ejercicios previamente mencionados pueden ser útiles en términos de preparación para un combate, así como para mejorar la salud o el "bienestar". Además, algunos deportes modernos lo utilizan de manera satisfactoria de esta manera. Sin embargo, la dimensión interna que vamos a abordar aquí es de una naturaleza diferente y requiere un enfoque diferente que involucrará tanto al cuerpo como a la mente.

Es un camino que permite encontrar la *esencia natural* de uno mismo, un camino que nos permite, envuelto en una serie de limitaciones, estar en contacto con lo que todas las tradiciones reconocen como la "sustancia" compartida, o la "respiración" si así se prefiere—Qi, Ki, Prana, Pneuma, Ruah, Ruh, Spiritus—una "sustancia" que, en las artes marciales, permite al practicante transcenderse a sí mismo y exceder sus propios límites, no sólo físicamente, pero también a nivel de su consciencia.

Por supuesto, esta afirmación podría irritar al lector, al igual que la mayoría de los practicantes de artes internas experimentan al comienzo de una práctica singular.

Sin embargo, no hay milagros, ni mitos, sólo una tradición auténtica, de la cual se pueden encontrar otras similares en cualquier parte del mundo. Esta tradición ha tenido un uso marcial para supervivencia, pero otras, como el Yoga en India, el taoísmo en China, el Sufismo en el Este, la Gnosis en el Oeste, han tenido funciones puramente iniciadoras utilizando herramientas similares. Además, como ha sido demostrado por numerosos ejemplos, la línea divisoria entre ambos aspectos se difumina, cuando menos, con el paso del tiempo.

Asimismo, este tipo de práctica tendrá como su trabajo principal el conocimiento de la conocida dimensión "profunda", la cual escapa el entendimiento habitual por naturaleza. "¡Vanidad!" se podría llegar a pensar, pero es en realidad fruto de una tradición donde cada heredero no es más que una conexión. Es más, contrariamente a cualquier creación o recopilación, se podría decir, al igual que declaró Confuncius, "Yo sólo transmito sin crear nada propio", yendo así todo el crédito a los Maestros ancianos.

También merece la pena indicar el punto más importante, algo que no fallaré en repetir, porque es fundamental.

Para que sea posible acceder a esta "naturaleza profunda", es necesario recurrir a una "reeducación" verdadera de la función motora, así como de la percepción sensorial. Para abordar este problema no usaré un enfoque teórico, sino más bien, cómo la tradición lo indica, un enfoque empírico. El objetivo es adentrar en los principios que hay que aplicar, los que nos han sido transmitidos para activar una dimensión de consciencia que está dormida a día de hoy. El error, como ya se ha mencionado, sería desarrollar una teoría sofisticada, que sólo los científicos especializados podrían reconocer con el tiempo, o hacer una síntesis de los textos budistas y taoístas que estuviera disponible para todo el mundo. Si bien esto es bastante común.

Y a menudo es aquí, como veremos más tarde, donde se encuentra el obstáculo. Para estar a gusto con sus elecciones y sus acciones nuestra mente racional necesita intelectualizar la lógica del método usado. Lo que es cierto actualmente en los deportes, donde el análisis científico se ha convertido en un apoyo esencial para toda federación, pero también se está convirtiendo en una realidad para el campo de las artes marciales. Artes como el aikido se racionalizan con técnicas catalogadas, precisas, definidas con diagramas, mientras que el trabajo interno de visualización, de intención, ha desaparecido, excepto en algunos casos excepcionales. Otros artes abordan la idea de Qi con atlas anatómicos, explicaciones de la medicina china, centros de "energía", miles de veces mencionados y recogidos en obras de recopilaiones teóricas. Por lo tanto, es fácil entender el rechazo de explicaciones tan especulativas por los practicantes experimentados.

Otro obstáculo igual de común es: la interpretación de las herramientas compartidas. Es bastante sorprendente de ver que seguidores de auténticos Maestros expresan la enseñanza recibida de maneras contradictorias. Algunos desarrollan la herencia de manera completamente racional, mientras que otros, compartiendo la misma fuente, se aventuran en abstracciones que son difíciles de comprender. De la misma manera, en la práctica es posible encontrar deportes que están dirigidos al mayor número de gente posible y al mismo tiempo, expresiones muy discretas, cuando menos, de dimensiones suprasensoriales. Por supuesto, como siempre, cada parte dice ser el único heredero de la tradición en cuestión.

La conclusión, la cual es obvia, es que el receptor solo desarrollará lo que su profunda naturaleza le permita, algo que abarcaremos juntos.

Para aquellos que sienten la necesidad de ello, mi intención en este libro será traer claridad a la esencia misma de las artes internas, con la advertencia de que cualquier cosa escrita no podrá nunca reemplazar un intercambio franco con un maestro de la Tradición.

Sin embargo, esta guía indica una dirección a seguir en un momento dado.

DESCARGO DE RESPONSABILIDAD

El autor y la editorial no son responsables de cualquier lesión provocada como resultado de la práctica de las instrucciones incluidas en este libro. Las actividades descritas, físicas u otras, podrían ser fatigantes o peligrosas para algunos individuos y es por ello que el lector debería consultar un profesional médico de antemano.

El autor y la editorial no recomiendan ni aprueban el autotratamiento por personas sin experiencia en este tema y no pueden ser considerados responsables de tratamientos realizados siguiendo la información recogida en este libro.

La dimensión marcial

Las artes marciales tienen como objetivo, teóricamente, preparar al practicante para una futura confrontación. Para prepararlo no solo físicamente, sino también y lo que es más importante, mentalmente.

En los orígenes de la mayoría de las escuelas de artes marciales, chinas o japonesas, encontramos hombres militares como al mítico general Yue Fei, guerreros como Miyamoto Musashi o Takeda Sokaku, guardias de caravana como Ji Jike o Guo Yunshen, así como ciudadanos que se han visto forzados a defenderse en un mundo donde la muerte nunca estaba lejos.

No es de extrañar pues, que la búsqueda de efectividad fuera el objetivo principal de los practicantes de antaño. La sombra de la muerte los perseguía a cada paso.

Manteniendo eso en mente, se podría decir que los practicantes de artes marciales de hoy en día, desde el principiante hasta el experto, están, cuando menos, muy alejados de este tipo de realidad. Sabiendo que mañana será tu último día te da consciencia de la práctica que ninguna visualización o combate codificado puede reemplazar. La repetición diaria de la misma, año tras año, deja una marca permanente en la mente[1] de la gente.

---

[1] El haber pasado tiempo con un abuelo que participó en la Primera Guerra Mundial y, más específicamente, el Chemin des Dames, y un padre combatiente en el Vercors y más tarde en el Tabors, durante la campaña alemana, me permite hacer esta afirmación.

Entonces, ¿resulta realmente sorprendente que estos "ancianos", para soportar lo insoportable, hayan buscado en el seno de las prácticas espirituales la aceptación de la noción de una muerte inminente? Puede ser que, durante sus encuentros y trabajo con el taoísmo, el budismo y el chamanismo, fuera cuando descubrieron no solo la consciencia, lo que les habría permitido aceptar morir en cualquier momento, pero también ¿una habilidad marcial mejorada?

La herramienta del despertar espiritual se convierte así en una herramienta marcial, una paradoja basada en la evidencia.

¿Son estas herramientas el fruto de la Tradición primordial, desde los orígenes del hombre, cuando su percepción y su consciencia estaban aún despiertas, una tradición que existió de este a oeste? Es posible creer en esto, como elaboraré en estas páginas, y como he explicado en mis libros previos.

Sin embargo, todo desarrollo teórico requiere un apoyo más concreto y particularmente cuando se habla sobre el aspecto marcial.

El apoyo que he escogido es una alegoría. Esto permitirá al lector evitar cualquier susceptibilidad particular con el tema en cuestión.

Imagina a hombres de una tribu primitiva. Para buscar comida, tienen que cruzar regularmente un precipicio. Para hacer esto, tienen que pasar por una viga de madera muy estrecha y arriesgar sus vidas a cada paso. Los accidentes aumentan y como consecuencia, conseguir voluntarios es cada vez más raro, lo que es un problema crítico.

Así que, para crear vocación, los viejos sabios de esta tribu deciden preparar a unos principiantes para una prueba experimental, para así exaltar su solidaridad.

Con este objetivo en mente, planean un entrenamiento compuesto de varias etapas.

La primera consiste en hacer que los aprendices anden por un terreno plano, siguiendo un rectángulo dibujado que simboliza la viga. Se les enseña a dar un paso tras otro, sin prisas, con los brazos extendidos para mantener el equilibrio y con ojos en el objetivo.

Deberán repetir el ejercicio día tras día con el mayor control posible.

Con el paso del tiempo, sin embargo, un grupo entero de gente realiza esta práctica, declarando que en su enseñanza se encuentra la verdad de la prueba final. Lo que no es incorrecto, se debe decir. Es entonces cuando deciden crear una escuela basada únicamente en las normas de esta etapa. Agradable y permitiéndoles tener una actividad amigable.

Otros, formando parte del mismo grupo y deseando desarrollar su práctica, desarrollan acrobacias de las mismas bases, lo que, aunque inútil, les permite compararse entre ellos sin ningún riesgo. El aspecto espectacular es muy atractivo.

Finalmente, una tercera parte del grupo, sintiendo que la prueba final es lo que pone en duda la propiamente dicha esencia de ser un Hombre, establece vínculos con el chamán de la tribu. Junto con él, aprenden las herramientas para liberarse de "la burbuja de consciencia individual" y reencontrarse con la consciencia íntegra. Mantienen el trabajo base, pero también le añaden las enseñanzas del chamán. Con el paso del tiempo, terminan por olvidar la prueba final, el objetivo se transforma en algo espiritual.

La segunda etapa es más concreta y los equilibristas futuros están preparados para andar en una viga a 30 centímetros del suelo. Hay un riesgo, pero únicamente mínimo. En el peor de los casos, se podrían torcer un tobillo. Lo que podría asustar a algunos. Mismas técnicas, mismos principios.

De la misma manera que ha sido anteriormente descrito, otro grupo decide parar en esta etapa y formalizarlo. Saben cómo mantenerse con la mente sobria y también buscan la esencia de la última prueba.

Con el mismo deseo de evolucionar, otros desarrollan acrobacias que son inútiles pero divertidas y demostrativas.

El único comentario que debe hacerse aquí es que, en ambos casos, los adeptos dan la impresión de estar acostumbrados al precipicio. Una actitudególatra muy humana.

Siguiendo la secuencia, la tercera etapa consiste en poner la viga a un metro del suelo. El riesgo es mayor. Si se caen, podrían romperse un brazo, una pierna, o incluso perder el conocimiento, aunque haya un colchón de espuma en el suelo.

Algunos, llegados a esta etapa, piensan que debe generalizarse, puesto que permite acercarse más a la prueba final sin tomar un gran riesgo. Los más valientes, sin ser nada temerarios, siguen esta tendencia, pero al igual que los anteriores, se niegan a avanzar a la siguiente etapa.

Siguiendo la lógica, aquellos que buscan sensaciones más fuertes o alardear, añaden acrobacias impactantes. Todo es muy llamativo.

Los seguidores de estas dos tendencias, al igual que anteriores, dan la impresión de estar acostumbrados al precipicio.

La cuarta etapa está reservada a aquellos que, habiendo pasado por las anteriores, quieren anticipar lo que se siente en la prueba final. Es cierto que su lado de "macho dominante" o "macho alfa" los fuerza a tomar esta decisión.

La viga se sitúa a tres metros del suelo. Cada caída dará lugar a una lesión o a la pérdida del conocimiento y, en algunos casos, a serias consecuencias a corto o medio plazo. La prueba es difícil a nivel psicológico.

Viendo una oportunidad para sacar beneficios financieros, algunos ancianos sinvergüenzas deciden explotar a la naturaleza humana. La parte de esta naturaleza que disfruta del riesgo tomado por otros sin exponerse uno mismo, por ejemplo, siendo un espectador del riesgo asumido por los otros.

Por consiguiente, los ancianos reclutan y dirigen para convencer a algunos a ponerse en peligro para complacer a otros. De esta manera crean shows basados en los principios de esta etapa en las tribus vecinas. Cuantas más caídas y lesiones hay, más espectadores y beneficios. Para los protagonistas que toman riesgos por el placer de otros no es tarea fácil. Así que, para ganar más valentía, algunos usan los beneficios de algunas plantas. Una conducta entendible.

Finalmente, está el final de la preparación, el objetivo, que consiste en andar día tras día a través de la viga que pende sobre un abismo sinfín, dando la impresión de absorber toda pequeña persona que pasa.

Aquellos que han conseguido tener un equilibrio natural, quienes pueden avanzar sin dudar, sin pensar, limitando sus movimientos, aquellos que pueden ignorar el abismo sin fondo que puede tragarlos en un horroroso absoluto, quienes pueden olvidarse a sí mismos día tras día, solo ellos pueden completar la prueba. Por supuesto, el viento, la lluvia, una debilidad pasajera, todos pueden provocar un error fatal, pero ellos lo saben y lo aceptan.

Date cuenta de que, como he mencionado arriba, algunos se retiraban en etapas previas y no formaban parte de este grupo final.

Otros, sin embargo, reaccionan de manera diferente cuando se enfrentan a la prueba, aunque hayan superado las etapas previas sin problemas.

Se pueden observar los siguientes comportamientos:

- Los que se niegan a cruzar y corren en dirección opuesta. ¿Una forma instintiva de sabiduría?
- Los que se quedan parados, congelados por el miedo, incapaces de dar un solo paso y de igual modo incapaces de huir.

Este último caso corresponde obviamente a la inhibición que puede golpear a cualquier individuo. Algo que también es posible para aquellos que pasan la prueba diariamente, puesto que pueden convertirse en víctimas de tales bloqueos mentales en cualquier momento.

Hay que darse cuenta de que para los individuos que han completado la prueba en condiciones extremas, durante una tormenta de viento y lluvia, donde todo se vuelve incierto, donde en cualquier momento una ráfaga de viento puede llevárselos, este cruce es como un "agujero negro". El "instinto de supervivencia" toma el control, no se piensa, un instinto espontáneo se acciona para sobrevivir y no dejará más recuerdos que algunas imágenes vagas.

Lo que se puede observar en las personas que cruzan el precipicio por necesidad, es que no se enorgullecen por ello ni tienen ningún tipo de pretensión (aunque hay excepciones, como siempre). ¿Qué quieren? Bueno, la construcción de un puente peatonal para así no tener que seguir arriesgando sus vidas y, sobre todo, ulteriormente, evitar que las de sus hijos estén en riesgo. Se puede observar que han perdido cualquier necesidad de alardear sobre el tema, contrariamente a lo que habían estado haciendo en las etapas previas, puesto que amigos y cercanos han fallecido a su lado.

Déjanos terminar aquí esta alegoría.

Los lectores habrán hecho sin ninguna duda la conexión entre su propia práctica y se habrán colocado a ellos mismos en la escalera de progresión descrita. Para facilitar la lectura, me he permitido, como te has podido dar cuenta, desarrollar las etapas de las artes marciales en una colorida diatriba.

Sin embargo, no es mi intención criticar la escala de valores de esta o su práctica.

En la base, puede existir la expresión artística, al igual que puede existir una elección que involucre el trabajo en la concentración y el control motriz; o como alternativa el ocio, la relajación mental y un lugar para reunirse con amigos, apasionados por una misma actividad. Nada que culpar, al contrario. Esto también puede ser un Camino para una realización espiritual.

De uno a tres metros por encima del suelo se necesita coraje para compararse a uno mismo con el riesgo o con otra persona. Pero estas experiencias no se pueden comparar con la de tomar la decisión final.

De hecho, ¿cree alguien que "una persona que gana un campeonato con su espada de bambú" tendrá éxito venciendo las mismas adversidades en una situación real donde un error se paga con su propia vida?

Nada es más incierto, puesto que la situación no requiere de los mismos recursos fundamentales del ser humano, ni tampoco las mismas técnicas de artes marciales. Cualquier fantasía, cualquier aspecto estético o teórico está fuera de lugar.

Sin embargo, una característica del arte marcial es, y debe ser, sobrepasarse a uno mismo en un momento dado. Las herramientas utilizadas en estos artes tienen como objetivo la mejora de tanto la mente como el cuerpo. Igual que el escultor trabajando la piedra para extraer su obra de arte, el artista marcial debe trabajar en sí mismo. Y si, de una manera similar, puede y debe canalizarse a sí mismo en un momento dado, es esencial que pase por unos pasos concretos. Pasos que ayudarán a evitar cualquier pretensión ilusoria.

Por lo tanto, el practicante puede recibir consejo para llevar a cabo un encuentro amistoso a "30 centímetros" o "un metro" por encima del suelo, pero especialmente saliendo de su propio *microcosmos*. Por supuesto, es necesario tener cierta experiencia en el arte de antemano.

Para hacer esto, mi consejo es:

- Elegir a un oponente que sea "rústico", que haga trabajos manuales – por lo tanto, actuando natural y espontáneamente;
- Después, para probar el nivel de éxito en el kung fu hay que actuar en lugar de brutamente, "vigorosamente".

Este tipo de oponente te permitirá evitar las reacciones predecibles de los practicantes de tu propio arte, sobre todo, la "sincronización" – y quizás te permitirá cuestionarte tus propias limitaciones.

Con sincronización me refiero a la programada reacción a los estímulos conseguida mediante la repetición. Siendo los estímulos la ejecución de "un set de técnicas concreto" realizado por uno de los practicantes, lo que instantáneamente hace responder al otro con una "reacción aprendida". Es irrelevante si este set de técnicas es "efectivo" o no.

Los ejemplos más obvios:

- En el aikido moderno, uno aprende a caerse con el más mínimo toque. De hecho, reproduciendo la misma "situación hipotética" es suficiente para provocar la caída. Algunas veces puede incluso verse que la caída precede la acción;
- En karate, bunkai de kata, el uso de técnicas correspondiendo a algunas de sus fases, es a veces poco realista;
- También existen los Tui Shous[1] formales, que pueden llevar igualmente al mismo fenómeno de "sincronización" (no se debe confundir con trabajo voluntario en "armonía").

Los Tui Shous, basados únicamente en empujar e impulsar, mientras que los practicantes se mantienen vulnerables a un golpe, son una pura herejía marcial. Sin mencionar los Tui Shous "a pie fijo", donde los practicantes no deben moverse en absoluto.

Pero las aberraciones son numerosas, incluyendo a los conocidos deportes de combate. Creando unos cimientos cuando se habla de una "lucha final", donde retorcer, morder y desgarrar está prohibido, así como cualquier ataque a los ojos o los genitales, probablemente no sea muy riguroso. Lo mismo cuando se está de pie. Pero nos estamos alejando de la perspectiva de trabajar en uno mismo y la noción del arte.

Manteniéndonos en los "patrones de actividad física" donde todos

---

[1] Ver capítulo «Empuje de manos».

y cada uno están condicionados de la misma manera sólo puede dar lugar a varias decepciones marciales.

También, en las artes internas, este tipo de encuentro amistoso podría evitarte estar en la misma compañía que aquellos que sienten "energía" en su interior, o sienten "campos de energía" o cualquier otro fenómeno subjetivo. Principalmente, permite confirmar conscientemente la "sustancia" dentro de ti y su uso (algo que desarrollaré más tarde), es decir, el aspecto pragmático de tu práctica.

Incluso si esto significa, dependiendo de tus deseos, tomar un camino fuera de las artes marciales, pero esta fase es necesaria para no caer en ninguna "ilusión".

Permítenos volver a nuestra alegoría.

¿Por qué la he desarrollado en forma de una diatriba?

Simplemente porque debemos ser honestos con nosotros mismos y, posiblemente, con los otros. Admito que sonrío ante el feroz ingenio guerrero de algunos expertos en artes marciales que nunca han conocido lo que es una confrontación real, como estoy seguro que tú también haces.

Además, la alegoría permite reajustar la práctica de uno mismo. Hablando sobre combate, ¿lo hemos probado en el suelo, a 30 centímetros del nivel del suelo, a un metro, a tres, sobre el abismo? Y entonces, ¿qué conclusión podemos sacar?

Por el contrario, con el paso del tiempo y gracias a una práctica auténtica, podemos darnos cuenta de que la noción de "arte" en las artes marciales no se ha utilizado de manera incorrecta. Con la condición de que, por supuesto, hayamos encontrado las herramientas que permiten al individuo sentirse realizado consigo mismo después trabajar con ellas durante años.

Sobre esto también deberíamos ser sinceros y precisos. A qué se refiere la palabra "realización" o, si se prefiere, el "Camino". *¿Dao o Do?*

En primer lugar, deberíamos dejar de lado todo lo que es común en muchos campos. Es decir, ¿qué estamos buscando exactamente?

- ¿Volvernos más fuertes y más poderosos?

Pero como un Maestro japonés dijo: "Un gorila es más fuerte que un hombre, pero ¿quién querría ser un gorila?". Aunque algunos responderían "¡Yo!"...

- Convertirse en un macho dominante ¿para seducir a una hembra?

Por qué no, pero este deseo disminuye con la edad.

- ¿Entrenar poder antes que un microcosmos?

Esto es natural para nuestro cerebro de mamíferos.

- ¿Ser amado o incluso ser venerado?

Una necesidad obvia del corazón.

- ¿Hacer dinero?

Esencial en nuestra sociedad. Además, todo lo que es gratuito pierde su valor ante los ojos de nuestros contemporáneos.

- ¿Interpretar a los sabios hombres de cuentos de hadas y leyendas o adornarse a uno mismo con poderes misteriosos?

Una situación cómoda, porque nos permite permanecer en los sueños de la infancia.

- ¿Olvidar el miedo de uno mismo a la inexistencia, sinónimo de la enfermedad mortal que es la vida?

¡Algo muy común!

- ¿Un poco de todo?

Pero deberíamos centrarnos en lo más esencial:

- ¿Ser capaz de defenderse ante una agresión potencial?

Esta es la vocación de las artes marciales y el desarrollo de tu fuerza interior te permitirá ir más allá de tu habilidad física. Por suerte o por desgracia, al igual que siempre encontrarás a alguien que sea más débil que tú, también los encontrarás más fuertes.

Sin embargo, sobrepasarse a uno mismo ya es un logro.

- ¿Vivir una pasión y utilizar las herramientas ofrecidas por la práctica para calmar el fuego interior que nos consume?

Esto se puede encontrar en algunas artes marciales internas. Sin embargo, es necesario sentir la necesidad de hacerlo. La necesidad o la falta de ella, explica sin ninguna duda los diferentes caminos existentes en todos los estilos de las artes marciales internas.

Eres el escultor, pero también la obra de arte.

Al fin y al cabo, debe enfatizarse que este trabajo interno permite ampliar el campo de consciencia a algunos practicantes. Veremos cómo.

El enfoque "apropiado" a las artes internas

Es muy difícil comunicar una experiencia personal. No por falta de palabras, sino porque ningún estado sensible puede ajustarse a un idioma. Además, dependiendo de cada persona, de su edad, vida, cultura, historia, cada palabra tendrá un significado diferente y dibujará una imagen distinta. Este es sin duda el motivo por el que toda transmisión ha dado lugar a varias interpretaciones. ¡Esto no es algo intrascendente!

Sin embargo, lo que es cierto para esta experiencia, también lo es para cada transmisión y, por consiguiente, para aquellos relacionados con las artes internas.

Esta es la razón por la que pienso que es imperativo comenzar a profundizar, después de la dimensión marcial, común en todas las artes relacionadas, en la noción del "entendimiento". Esta explicará las discrepancias, o incluso las oposiciones, que existen entre tendencias que comparten una misma fuente.

Permítenos comenzar con una cita:

El Maestro Wang Xuanjie dijo una vez "el talento de un practicante no depende del tiempo empleado entrenando, ni de sus esfuerzos, ni tampoco de su antigüedad. Tampoco depende de su salud, ni de su edad, ni de los métodos, y mucho menos de la lentitud o rapidez de sus movimientos, sino del grado de comprensión de los principios que tiene[1]".

Como siempre, la dificultad de comprender el significado de una cita reside en el contexto del autor y en su disposición para transmitir. El Maestro Wang Xuanjie, como algunos Maestros auténticos del pasado y rara vez, algunos contemporáneos, fue un experto ocultando una gran cantidad de elementos clave para la práctica tanto en su escrito como en su imaginería. **Esto es, a menudo, una**

---

1 Wang Xuanjie, *Dachengquan*.

enseñanza iniciadora; se podría incluso decir que forma parte de la pedagogía, porque permite separar el grano de la paja. Sin embargo, su nivel de kung fu solo podía dejar sin palabras a aquellos que tuvieron la suerte de conocerlo. Pero, algunas veces, daba valiosos consejos como el mencionado anteriormente.

De acuerdo con la intención de ir más allá de cualquier teoría, deberíamos evitar analizar la etimología de las palabras en esa cita, y mejor intentar encontrar los ejemplos históricos relevantes en las artes marciales que la reafirman.

Antes que nada, una observación. Los conocidos como los auténticos herederos de los Maestros de tradiciones esotéricas o artes internas han desarrollado escuelas bastante diversas.

El Aikido puede servir como referencia; un arte de gran calidad, transformado en un Camino "interno" por su creador O'Sensei Ueshiba, siendo él mismo heredero de Sokaku Takeda de Daitoryu, un método marcial de gran eficacia.

O'Sensei tuvo muchos discípulos, pero su sucesión se caracterizó por varias interpretaciones que a veces se oponían entre sí.

Cabe mencionar dos claros ejemplos:

- El del Maestro Shioda, quien entendió el aspecto esotérico de la enseñanza y desarrolló un Ki personal sorprendente, al mismo tiempo que se mantuvo muy pragmático enseñando la aplicación de la ley;
- El del Maestro Tomiki, un practicante excelente que utilizó el conocimiento de su arte para crear un deporte competitivo, correspondiendo con las ambiciones del mundo moderno.

Pero más sorprendentes son las respuestas de aquellos dos herederos a la pregunta sobre las prodigiosas habilidades de O'Sensei. Muestran el origen de la gran diferencia que existe entre sus respectivos enfoques.

Mientras que Sensei Shioda habla de:

"Una fuerza espiritual que es una realidad"[1].

Sensei Tomiki declara que para él:

"Es una cuestión de entrenamiento muscular, la cual es parte de una educación física moderna. Se llama isometría. Es decir, podemos

---

1 Stanley Pranin, *Aikido Pioneers – Prewar Era. Colección de entrevistas*.

entrenar grupos internos o externos de músculos mediante ejercicios que consistan en empujar y **tirar**[1]."

Ten en cuenta que, den el contexto del momento, enseñar consistía más en mostrar que explicar: "Cuando estábamos entrenando, Ueshiba Sensei nos hacía sentir cosas directamente, en lugar de enseñarnos… Teníamos que pensar sobre cosas por nuestra cuenta… Y ahora, continúo haciendo lo que he sido capaz de conectar[2]."

Se puede observar que, aunque está basado en una enseñanza común, la manera de entenderlo actualmente puede ser diferente. Por supuesto, algunos cínicos podrían decir que uno ha recibido un entrenamiento más avanzado que el otro. Lo cierto es que se conoce que la dirección mostrada por O'Sensei fue la misma.

Morihei Ueshiba, siendo consciente de la falta de entendimiento del Camino que él quería transmitir, declaró lo siguiente en sus últimos años de vida:

"He dedicado mi vida a abrir el camino del Aikido, pero cuando miro atrás nadie me está siguiendo[3]."

Lo que demuestra que la misma presencia, las mismas acciones, las mismas palabras, pueden ser interpretadas de manera distinta e incluso opuesta por todo testigo o estudiante.

Esto también puede aplicarse a uno mismo. **A menudo, muy frecuentemente, la falta de satisfacción con el progreso de uno mismo, lleva a culpar a las herramientas, o a la pseudoincapacidad del maestro, pero rara vez a uno mismo y a la falta de comprensión de uno mismo.**

La comprensión de los principios, de las herramientas, se consigue mediante un "estado correcto de consciencia". Desde la experiencia, se puede establecer que la naturaleza individual juega un rol fundamental. Todo resultado obtenido de escuchar es a menudo fruto de nuestras propias condiciones, nuestra cultura, nuestra evolución personal. Abarcaré esto de nuevo en la teoría del cerebro triuno de MacLean.

Sobre este tema, ¿es de extrañar que, entre los Maestros más exitosos, algunos eran, ya sea niños frágiles con problemas de salud o gente

---

1 Ibidem.
2 Ibidem.
3 John Stevens, *Guerrero invencible*.

que había sufrido experiencias traumáticas? **¿Realidad o metáfora?**

Por consiguiente, se puede inferir que su umbral de sensibilidad se vio disminuido a tal nivel que, en respuesta, su percepción intuitiva se vio exacerbada más allá de la norma común.

Otro ejemplo significativo es el arte Yiquan o Dachengquan, que se empezó a dar a conocer recientemente en occidente.

En esta escuela, cuyo *fundador* es el Maestro Wang Xiangzhai, la mayoría de los expertos contemporáneos trabajan con una fuerte tensión física interna basada en micromovimientos. Por el contrario, unas pocas y muy raras excepciones se llevan a cabo en total relajación, respaldadas por una obvia, y ante todo comprobable, densidad.

Este contraste tan marcado debería poner en duda esta divergencia y su origen. Pero, como es el mismo linaje, parece que los adeptos no piensan en ello.

Cabe señalar que el *fundador* de esta escuela dejó claro en su escrito que un practicante debería evitar la "ilusión". Un término que sólo puede crear confusión en las mentes de los discípulos tanto del pasado como del presente. Sin embargo, hay un factor importante que debería tomarse en cuenta en los análisis del escrito del Maestro: el contexto político. Era necesario negar cualquier abstracción derivada de la Tradición ancestral. La elección de llamar a su escuela "Quan Xue" (ciencia del boxeo) durante un tiempo, probablemente se deba a estas mismas circunstancias. Y pensar que todo se puede decir en un texto es no tener en cuenta la tradición marcial china. La cual no sólo no divulgó fácilmente los secretos, sino que también supo cómo desinformar hábilmente. Sin embargo, es evidente que, trabajos como el uso del sonido, "Shi sheng" (probando el sonido), característico de esta escuela, no puede tener un respaldo físico. Lo que debería indicar una dirección para los seguidores de este arte. Sin embargo, de igual modo, el sonido "Kiai" (uniendo la respiración) de las artes marciales japonesas, también ha perdido toda "sustancia".

¿Cómo se puede explicar entonces esta notable diferencia en la práctica?

¿Está la elección individual en el origen del rechazo de algunos adeptos a cualquier noción de Qi en su práctica? O, ¿la herencia se diferencia dependiendo de los distintos niveles de enseñanza? O más bien, ¿es la propia naturaleza del individuo? ¿O es un poco de todo?

> *Con estas explicaciones, la idea no es denigrar a tal o cual experto, o crear polémicas inútiles, sino más bien aclarar que, dependiendo de la comprensión, los caminos pueden bifurcarse, porque dependen de distintos principios. Lo que no le arrebata cualidades marciales a nadie.*

Otro factor en la falta de comprensión de la dimensión interna de las artes marciales podría ser el deterioro como resultado de una evolución social. **A día de hoy, las distintas artes marciales se han convertido en "productos" dirigidos al mayor número de gente posible.** Miles de maestros viven gracias a la docencia. Así que, claramente, se ha convertido en una necesidad ofrecer "artes" que sean fácilmente accesibles, agradables, divertidas, gratificantes y, por consiguiente, rara vez efectivas.

El problema con estas artes está relacionado con su "éxito". Volviendo a la metáfora de la fuente origen, esto es, una transferencia indiscreta de conocimiento de Maestro a discípulos, las escuelas se han convertido ahora en, literalmente, arroyos con miles de maestros arrastrando tras de sí a millones de estudiantes. Las consecuencias son muchas en lo que concierne a la transferencia de conocimientos.

Vamos a explicarlo con dos ejemplos:

1. A día de hoy, un aikido moderno ofrece tablas técnicas y un proceso racional, habiendo perdido, más o menos, la noción del Yi, y la noción del Ki se ha convertido en una teoría puramente filosófica.

    ¿Qué ha pasado con la comunión del Espíritu de los árboles de O'Sensei – Kami o espíritu, o espíritus, o "aliento"?

    ¿Quién sigue recordando al Yi y al trabajo con Ki en el ejercicio de remo (Funakogi Undo)? ¿Qué ha pasado con el desarrollo progresivo de Yi/Ki con el uso del sonido Kotodama (palabra, alma) o de Norito (encantaciones para la purificación en el Shinto [sintoísmo]) que no haya consistido únicamente en repetir la ilusión? La lista sería larga.

    Sin embargo, el aikido actual, incluso aunque se aleje de su origen, responde perfectamente a las demandas de la mayor parte de sus seguidores.

2. El taiji (taichí) contemporáneo es, con raras excepciones, únicamente una escuela de gimnasia suave. Cada movimiento es

una copia de la imagen ideal del Maestro o instructor apoyada por la teoría de Qi.

Esta actividad se aleja de los orígenes de las artes marciales internas, sin embargo, la gran mayoría de los practicantes la aprecian por su aspecto de "bienestar". No hay mucho más que decir, pues el resultado se encuentra en la misma línea que el deseo.

Fuera del contexto marcial, el ejemplo más obvio es el yoga. Un arte iniciador por excelencia, el cual se ha convertido en nada más y nada menos que una actividad divertida y de moda.

Pero honestamente, ¿sería posible vender estas artes internas contando la verdad?

Es decir, explicar que sólo después de tres años de tediosa práctica, de manera individual, de una a tres horas al día, puedes considerarte un aprendiz. Lo cual te permite entonces entrenarte para otros cinco o siete años con el mismo riguroso entrenamiento para finalmente, convertirte en un acompañante y ser capaz de comenzar a entrenar de verdad.

No es fácil de vender, ¿verdad? ¿Cuántos clientes encontraríamos?

El deseo de comercialización es omnipresente en nuestra sociedad y aquí podemos añadir también a las artes marciales externas, u otros Caminos iniciadores como el taoísmo, el zen, la caligrafía, etc.

Este giro hacia la comercialización, al menos ante los ojos de los entusiastas, ¿es deseada por los líderes de los cuerpos oficiales? ¿Es esto consecuencia de un sistema de ventas hecho para el mayor número de gente? ¿Es esto el resultado de una evolución social? ¿Es esto una consecuencia de la acción de los "memes" en la teoría de Richard Dawkins[1]?

Cada uno tendrá su propia respuesta.

Para aquellos que quieren encontrar la esencia de su arte interna y la comprensión necesaria para cualquier progreso, **¿es necesario separar en un momento dado "el recipiente del contenido"?**

¿Qué deberíamos entender por "recipiente"? Todo lo que varía entre las diferentes enseñanzas marciales o incluso espirituales. Ya sea la forma, técnicas, la apariencia, los ritos, la historia, la erudición,

---

1 Richard Dawkins, *El gen egoísta*.

o el folclore, los cuentos de hada y las leyendas que los aficionados del exotismo disfrutan tanto.

Dicho de otra manera, todo lo que sirve como referencia hoy en día.

¿Qué hay del "contenido"?

Hay dos tipos de contenido:

1. En primer lugar, los principios del "cuerpo" y no las técnicas que los usan. La sinergia de masa y segmentos, la totalidad, las posibles compensaciones temporales. Todo esto debe convertirse en algo "natural" con el tiempo: "Todo lo que hago es una técnica" – Morihei Ueshiba. En una confrontación, los principios deben haberse adquirido con anterioridad, ser aplicados por instinto y, al igual que las técnicas, deberían estar adaptados a la situación, es decir, no deben ser convencionales. A menudo hay una confusión entre ambos. Alguien que no lo entienda querría aprender una multitud de técnicas y olvidar los principios:

2. Es más, en las artes internas se debería tener en cuenta que el aspecto más importante es, específicamente, el trabajo mental – Yi, Jingshen (espíritu) – y lo que permite utilizar – el Qi. Este es el verdadero propósito del trabajo hecho, algo que no siempre es visible para el ojo no iniciado.

Obviamente, como con cualquier actividad física, es posible añadir el gusto por el esfuerzo, la voluntad, la disciplina, la firmeza y, a veces, por "una mente sana en cuerpo sano".

La confusión entre superficial y esencial es a menudo debido a la no-diferenciación de recipiente y contenido. Pero, en cambio, cabe señalar que, lo superficial es más visible y más tangible, mientras que lo esencial es más oscuro y más abstracto para los no iniciados.

Sin embargo, ¿eso es todo?

No, hay un obstáculo que no es pequeño y hay que tenerlo en cuenta.

De hecho, todas las tradiciones lo consideran **nuestro mayor enemigo,** descrito en todas las iniciaciones como **uno mismo.**

Quieres conectar conscientemente con el "objeto", pero ¿cómo se puede "entender" lo que se va a hacer, si todos los días eres mezquino, insignificante, limitado, un símbolo de egoísmo omnipresente?

De hecho, entender es ceder ante el principio, ya sea una dirección, un Yi, un Qi. Este principio debe invadir no solo cada parte de tu cuerpo, sino también tu mente. Así que:

- Si, durante la práctica, estás preocupado con tu apariencia, tu imagen ¿cómo puedes tener un autoconocimiento?
- Si sólo buscas un beneficio personal, ¿cómo vas a expandir tu consciencia?
- Sin mencionar la moda contemporánea, contagiosa cuando menos, de que el practicante se jacte mediante varios medios de comunicación.

Entender también es estar en el "estado correcto" durante la práctica y mantenerlo más tarde, tanto como sea posible. Es decir, mantener este estado en la *vida diaria,* lo que significa estar en armonía con los principios fundacionales de tu arte mientras que tu realizas tus actividades diarias (vida familiar, tiempo libre y, algo menos obvio, el trabajo).

Practicar con "Yi" en relajación, como una introducción, requiere una mente en calma y lógicamente opuesta a cualquier actividad que induzca a la agitación o a la tensión ya sea mental o muscular.

Los entrenamientos de fuerza y peso deben ser ambos prohibidos y el trabajo de tuishou con fuerte resistencia antes del kung fu no es recomendable. Cada uno de ellos puede ser contraproducente para la metamorfosis en proceso. Mantener las actividades basadas en hábitos físicos y mentales de tu infancia solo provocará que tu reeducación *se detenga.* Un obvio y continuo problema producto de una falta de comprensión.

Entender también es sinónimo de cuestionar tu "rutina" de técnicas de trabajo. **Hay una confusión entre cantidad y calidad.** Ya sea individualmente o en grupo.

La mayor parte del tiempo, los estudiantes, durante un entrenamiento dado, son felices cuando se sienten cansados o incluso exhaustos. Sonrientes, satisfechos consigo mismos, se felicitan unos a otros con expresiones como "¡Lo hemos hecho bien!". Pero, lo que deberían entender es que la razón por la que están siguiendo esta educación es para "aprender y, por lo tanto, entender" y no para repetir ejercicios "vacíos", incluso aunque haya alguna dificultad añadida. A menudo, dicha dificultad hace referencia a un set/conjunto de movimientos o situaciones, pero sin una detallada explicación de los principios del cuerpo y la mente. Para el principiante, lo más sorprendente es que las preguntas sobre lo esencial ni se les ocurre.

La razón de este rol pasivo es, sin duda, cómo se sitúa a sí mismo el estudiante. Ya sea por la voluntad del maestro o no, por el sistema, de la escuela, o por el mismo estudiante, este último está sujeto y es la sombra del maestro. Él espera pasivamente comprender la práctica y, por consiguiente, su propia progresión.

Las artes internas tienen una naturaleza diferente. **Según la Tradición, el Maestro señala el camino, las herramientas, los principios, pero es el discípulo quien tiene que ocuparse de sí mismo.** Él debe, mediante buenas preguntas y observaciones, obtener la información correcta. También debe ver "con su corazón" la práctica del Maestro y percibir utilizando la empatía.

La "rutina" también consiste en observar a un estudiante experimentado y pensar "yo sé hacer esto", un error clásico. La actitud correcta sería actuar exactamente al contrario. **Debes hacer algo similar a lo que tu corazón hace al ver a una persona cercana que ha estado ausente por un largo periodo de tiempo, "redescubrir en todas y cada una de las veces" lo que se tiene que hacer.** Si esto se convierte en algo "natural", entonces sólo puedes sorprenderte. ¡Los principios del cuerpo que se han rebelado son a menudo "visibles" de esta manera! Y muchas otras cosas también.

Finalmente, hay otra cosa más que hay que tener en consideración. Tiene relación con **la enseñanza "íntima". Esto es una relación empática entre Maestro y estudiante, donde la comunión de las mentes permite privarse de discursos, y donde las expresiones gestuales y sensatas son suficientes para comunicar lo esencial.** En este sentido, intenta ponerte en los zapatos del maestro. Ha dedicado años a aprender lo que sabe, diez años para entender con la mente y el cuerpo. ¿Piensas que el aprendiz, pagando una cierta cantidad de dinero, o saltando de un maestro a otro (como es común actualmente) sería capaz de tener acceso a este tesoro? ¡Es poco probable! Debe haber una relación de amistad verdadera y sincera, lo que no es siempre fácil de establecer y, además, lleva años.

Quizás te hayas dado cuenta de que nunca uso la palabra "entrenamiento", porque sería incorrecto en las artes marciales internas – ver el capítulo "Transmisión". Entrenamos para correr, para hacer deporte. Lo hacemos bajo la supervisión de un entrenador. La práctica de un arte marcial interna es, la mayoría de las veces, una actividad solitaria, de vez en cuando con un compañero y periódicamente bajo la guía de tu maestro. El objetivo es convertirte en tu propio Maestro un día. **Esto es evidente, porque la percepción sensible solo puede ser de una naturaleza íntima.**

Para simplificar, en un sentido positivo, nuestra propia práctica debería compararse a la de otras tradiciones. Hay Maestros en las artes marciales, pero también hay Maestros carpinteros, panaderos, cocineros. Su experiencia incluye saber cómo realizar su oficio, los inicios y también la ética. Su fraternidad está muy unida, es muy discreta y enseña que la obra de arte [1] es lo primero y no el aspecto financiero. Pero, ¿es este siempre el caso en las artes marciales? ¿Hemos entendido correctamente lo que se nos ha legado? Te dejaré que encuentres tu propia respuesta.

---

1 El concepto de obra de arte debería ser entendido como lo que se emprende, pero también lo que es uno mismo.

Las etapas del aprendizaje

Las clasificaciones por examinación se deberían ignorar, porque a menudo es una herramienta utilizada por las federaciones o escuelas para controlar a sus miembros. Las examinaciones se basan en referencias que, por deseo a tener un reconocimiento oficial, sólo pueden llegar a ser muy racionales y por lo tanto, formales, lo que les hace distanciarse de la Tradición original.

La primera afirmación solo puede ser impactante, pero la persona en mejor posición para saber tu evolución es, obviamente, tu maestro (o tú mismo, llegado a un cierto nivel) a no ser que tu maestro esté aplicando lo que se menciona en la tradición china: "si le das el kung fu a un estudiante, ¡lo pierdes!".

No debemos olvidar que la noción de clasificación es contemporánea, precedida por el Menkyo en Japón, lo que validaba un cierto nivel de iniciación, pero no necesariamente de adquisición (no es necesario saber algo para ser capaz de aplicarlo) eso y en otros países asiáticos, el nivel de kung fu demostrable (gong fu, logro en un arte), fue la única garantía de nivel conseguido.

A partir de ahora, en lugar de mantener una controversia sobre la noción de las "recompensas" en relación con un grado "oficial", tan característico del hombre moderno que necesita clasificar todo, el foco se centrará en la noción de la progresión.

Para abordar un problema a menudo es necesario dibujar una línea paralela con otro campo, con la condición de tener un buen conocimiento sobre el mismo. El Yi quan puede usarse como un ejemplo aquí. En esta escuela se ha dicho que "la técnica no existe", lo que se ha tomado al pie de la letra por un largo periodo de tiempo, quizás incluso a día de hoy, si miramos a las difusas técnicas que no corresponden con el uso preciso del cuerpo en este arte. Sin embargo, este principio es solo verdadero una vez que se ha dominado y no puede aplicarse por el discípulo cuando es aún un aprendiz o un acompañante, pues el arte no es aún "natural" en él.

Para entender esta afirmación, es necesario abordar las diferentes etapas de cada forma de aprendizaje según la progresión descrita por el psicólogo Abraham Maslow.

1. La progresión de aprendizaje en las artes marciales

A. Incompetencia inconsciente

Es decir, "**No sé que no lo sé**". Dicho de otra manera, hago las técnicas ya sea de cualquier forma o limitado por el nivel de los principios utilizados.

Y, un punto importante es que eso me satisface.

Así que, lógicamente, no solo no estoy buscando aprender nuevos principios y no cuestionar lo que hago, sino que también pienso que "todo está bien".

Algo incluso más sorprendente es que no me doy cuenta de que los principios que algunos "viejos y cansados" expertos están utilizando y que les permite ser más eficientes que muchos practicantes "jóvenes", y ni si quiera sé de su existencia.

Creo que el tiempo hará de las suyas sin que yo me cuestione mis logros.

Es por eso que se dice "es necesario desaprender para empezar a aprender". Lo que es verdad en cualquier nivel, una vez das con un Maestro merecedor de tal nombre.

B. Incompetencia consciente

Una etapa muy importante: **"Sé que no sé"**

Soy consciente de que lo que hago no es perfecto y que tengo "todo" por aprender. **En esta etapa el aprendizaje puede comenzar, o continuar.**

No estoy repitiendo una técnica demostrada con mi conocimiento previo, sino que intento entender una nueva forma de funcionar "reseteando" mis fundamentos.

Esta es una situación muy incómoda, porque ahora se siente que se están perdiendo todos los conocimientos que se poseían. Me convierto en "torpe" y "sin poder", como un recién nacido aprendiendo a andar.

Aquí voy a desviarme del tema brevemente.

Los talleres de entrenamiento son muy novedosos a día de hoy. Consisten en, durante la sesión de entrenamiento, cambiar de un taller de una escuela al de otra, mientras que hemos sido enseñados en un tercero.

Podemos tomar como un ejemplo un cambio de kárate Shotokan[1] a kárate Do-Wado Ryu[2], luego pasamos a taiji y finalmente al "contacto" (por supuesto, hay muchos más ejemplos).

El problema es que aquí los principios del cuerpo en cada escuela son diferentes, así como el enfoque general. En los dos primeros talleres de nuestro ejemplo, veremos un uso opuesto de la cadera y dos "filosofías" diferentes; dicho de una manera sencilla, una es directa y contundente y la otra es flexible y evasiva. El siguiente taller mostrará una búsqueda por la totalidad del cuerpo, lo que requiere una sincronización diferente de los segmentos del cuerpo, así como un trabajo "interno" específico. Por último, el "contacto" enseña que hay que utilizar guantes y los principios del cuerpo, lo que no corresponde con ninguno de los talleres previos. Es cuando se pierde la coherencia, la práctica se vuelve caótica o incluso produce *"una fundente"* pérdida de interés a la larga; pero los aprendices se pueden "emborrachar" de múltiples técnicas.

El deseo contemporáneo de aprender muchas técnicas obstaculiza, no sólo cualquier evolución "interna", sino también evolucionar en cualquier arte.

Con respecto a esto, los ancianos Maestros fueron conocidos por la calidad en la práctica de una única técnica. Por ejemplo, Laoshi Guo Yun Shen del que se decía "Bajo todo el Cielo, nada puede prevalecer contra su Peng Chuan", realidad y metáfora, por el hecho de que toda técnica contiene la totalidad de la práctica: estamos volviendo a "la técnica no existe" y paradójicamente a las palabras de O'Sensei Ueshiba "todo lo que hago es técnico".

En el origen de muchas artes marciales, el número de técnicas fue limitado. La historia del xing yi quan [3]indica que solo había "tres

---

[1] Primer estilo de kárate japonés.
[2] Kárate moderno de influencia japonesa.
[3] Arte marcial interna china cuya traducción literal equivale a "puño de voluntad de forma".

puñetazos auténticos" (laosanquan). Era igual para *pa kua chang*[1]. las "*tres auténticas palmas*" (laosanzhang). Mientras tanto, lo que se olvida a menudo es que estas tres técnicas pueden descomponerse "naturalmente" en un infinito número de posibilidades; si uno entiende su esencia, claro.

Para abreviar, la cantidad de las técnicas y la cualidad de la enseñanza no siempre van de la mano.

C. Competencia consciente

Para llegar a esta siguiente etapa parece necesario mantenerse en un permanente armonioso trabajo, usando los principios de una sola enseñanza.

Después de un trabajo muy largo, bajo la guía de un buen maestro, obviamente, los principios se entienden finalmente y pueden usarse. Lo único es que requieren una fuerte concentración y atención. En una palabra, **aún son "artificiales": "Lo sé, pero me exige un esfuerzo de concentración y atención."**

Esto significa que aplicar esos principios solo puede hacerse en situaciones predefinidas, con un compañero que también sigue las reglas preestablecidas.

Esta es la razón por la que ciertas artes marciales repiten incansablemente técnicas específicas y, cuando hay una "libre" confrontación, su aplicación se vuelve completamente diferente, incluso opuesta. A tal punto que los practicantes están entrenados de una manera distinta para la "técnica" y para el "combate", incluso aunque sea "combate" convencional.

No es sorprendente que se pueda producir cierta confusión durante el aprendizaje si las razones tras los principios son contradictorias.

D. Finalmente: competencia inconsciente.

Después de un **trabajo coherente** con los principios durante algunos años, estos se integran por completo al receptor. No requieren de ningún esfuerzo para ser aplicados, **son "naturales" y son parte de la acción espontánea del practicante.**

Sin embargo, en las artes auténticas, cada etapa puede ser completada únicamente si se ha convertido en algo "natural". Es entonces,

---

[1] Arte marcial interna china que tiene como significado literal "palma de los ocho tigramas".

cuando todo debe repetirse según se vayan añadiendo nuevos principios "capa por capa" y requiere que todo se vuelva a pensar.

Así que, toda acción se vuelve técnica y es "correcta" sin importar la situación; es decir, corresponde a la sinergia precisa de los segmentos del cuerpo que ofrece dinámicas optimizadas.

En nuestro campo de interés esto también significa que la función "natural" desarrollada también se convierte en "natural".

Se puede decir que la "esencia" del arte se alcanza gracias al "método" utilizado y, por consiguiente, es posible "abandonar la forma". Se ha convertido en natural el hacer "cualquier tipo de acción" de una manera "correcta". **La forma ha trascendido, todo es una "acción correcta".**

A través de la experiencia, se puede ver cómo las palabras de O'Sensei Ueshiba, "todo lo que hago es técnico", están de acuerdo con "¡la técnica no existe!".

La historia dice que O'Sensei tenía problemas repitiendo sus movimientos cuando los estudiantes se lo pedían. Esto es por lo que un "anciano" Maestro no es siempre la persona más adecuada para enseñar a los principiantes.

Esa es la culminación del método, pero no el final de la práctica.

Te has dado cuenta de que hablo de principios y no de técnicas. Es decir, principios del cuerpo (y teóricamente, las conexiones internas asociada), lo que incluye la sincronización de los segmentos del cuerpo en movimiento, así como en posiciones alternas y por supuesto todo está conectado a la posición relativa al adversario.

Al fin y al cabo, cabe señalar que "la forma técnica" mantenida como un dogma en la práctica, puede convertirse en una camisa de fuerza con el tiempo. Como dice la metáfora: **"Un tutor, que es útil en el comienzo para ayudar a un árbol a crecer, se convierte más tarde, si no lo retiran, la limitación que lo convertirá en bonsái."** La alegoría del barco que tiene que ser abandonado una vez se ha alcanzado la orilla también se puede aplicar.

Eso sí, con cuidado… abandonar el barco antes de tiempo no es una buena idea tampoco, depende de cómo indique la travesía…

Estas etapas han podido parecer obvias para algunos.

Para otros, que dudan debido a una falta de experiencia en su práctica, podemos tomar como ejemplo una actividad con la que casi todo el mundo está familiarizado: conducir.

- Permítenos saltarnos la primera etapa: aquellos que no conducen bien y que piensan que son buenos conductores son la razón del número de accidentes que hay en la carretera cada día.
- La segunda etapa es cuando algunas personas deciden mejorar sus habilidades de conducción preguntándose a sí mismas sobre sus habilidades o quienes quieren aprender, sabiendo que no saben cómo conducir.
- La tercera etapa es aprender de manera muy técnica, manos en posición de "las tres menos cuartos" de las agujas del reloj, prestando atención, manteniéndose concentrado, movimientos según la cronología aprendida, observación cuidadosa de las señales e interpretación de las mismas mediante un análisis consciente, al igual que con la carretera. La ruta la define el maestro y se sigue bajo su guía. Todo el proceso es desordenado, torpe y lento. Más tarde, después de haber obtenido el carnet de conducir, el joven conductor sigue siendo un aprendiz como el ocasional "Conductor dominguero".
- La cuarta etapa se consigue después de varios cientos de miles de kilómetros, cuando todo se vuelve fácil, natural. Las manos y los pies actúan rápidamente y sin un esfuerzo consciente, en el momento justo, las señales se reconocen y la carretera es una corriente en paz. El único problema potencial, al igual que en las artes marciales, es subestimar al adversario, trivializarlo, pero esa es otra historia...

Ya hemos analizado las etapas de la progresión del aprendizaje en las artes marciales o en otra disciplina. Alguien puede ser un Maestro de cocina o un Maestro en las artes marciales. Por supuesto, es obvio que las etapas no son siempre tan fáciles de definir de forma precisa, lo que también explica algunas de las confusiones encontradas.

Pero donde las cosas se ponen complicadas es en el trabajo "interno", al menos el que se abarca en este libro.

2. La progresión en las artes marciales internas.

Antes que nada, deberíamos considerar a los humanos y a sus habilidades. Un punto clave es:

Los humanos no pueden hacer dos cosas a la vez de una "ma-

nera reflexiva" o "siendo conscientes" prestando una "atención prolongada" – no hay que confundir con hacer dos cosas al mismo tiempo, que es el privilegio de las mujeres, se dice, porque tienen que estar constantemente cambiando de una cosa a otra.

Esta noción necesita una elaboración más desarrollada:

Por supuesto, una buena práctica requiere hacer diferentes movimientos con cada brazo, conectado uno al otro, en relación a la espina, la cadera y las piernas, todo sincronizado (según el nivel de kung fu o de logro).

Pero, por el contrario, los humanos no pueden escribir dos textos diferentes, uno con la mano derecha y el otro con la izquierda, ni siquiera los que son ambidiestros. Al igual que no es posible reflexionar sobre dos temas al mismo tiempo. En un nivel susceptible, si sufres un enorme dolor de muelas no puedes discernir las diferencias de sabor entre dos platos; si te conmueve una visión particular, te olvidas de su entorno. La lista continúa indefinidamente.

Esta particularidad, característica de los humanos, se olvida a menudo en el aprendizaje de las artes internas.

Se puede concluir con que las etapas definidas anteriormente no pueden y no deberían respetarse. Más específicamente:

- **Si estás aprendiendo una técnica específica que requiere tu completa atención, no puedes usar correctamente tu intención** (tu Yi) **al mismo tiempo**, pues esta, mientras que no exista de forma natural, también requiere de tu atención/concentración – excepto cuando el Yi es natural, después de más de diez años de práctica "correcta".

Un dato a menudo olvidado…

- Esta es la razón por la que desarrollar la "calidad" de tu Yi y poner toda tu "intención/atención/concentración", es necesario para hacer técnicas simples durante unos cuantos años – zhang zhuang es un perfecto ejemplo para esto.

- Por lo tanto, diariamente, durante la realización de técnicas "lentas" – por ejemplo, "shili", "probando la fuerza" en yi quan, las formas taiji, o el ame no tori fune undo "el movimiento de remo" en aikido- es importante dedicar unos cuantos minutos a corregir tu forma y después trabajar con tu atención – Yi – por varios minutos.

Para facilitar la comprensión de las etapas de progresión en las artes internas, vamos a volver a la cronología anterior:

A. Incompetencia inconsciente

Lo que quiere decir **"No sé que no lo sé"**.

Obviamente, porque sin pregunta no hay respuesta.

B. Incompetencia consciente

Una etapa muy importante: **"Sé que no lo sé"**

Aquí también soy consciente de que lo que hago es imperfecto y que tengo "todo por aprender".

Estos son los "fundamentos de los fundamentos" de todo aprendizaje.

En la dimensión interna se debe aceptar que **"la percepción de uno mismo está limitada a día de hoy, pero puede extenderse hacia nuevos horizontes desconocidos"**.

El último punto es el importante, admitir que **"uno no puede conocer el desarrollo futuro de la percepción de uno mismo y, lo que es más importante, no hay que querer controlarlo a través del intelecto"**.

Como recalcaré más tarde, la aportación cultural, tan atractiva como puede llegar a ser, se puede convertir en un obstáculo en el camino. En particular, si sirve como un filtro de la progresión de uno mismo. El taoísmo, al igual que el budismo, ha sido víctima de los académicos que han intentado explicar lo inexplicable; pero, como es sabido en estas artes, "El ámbito de la experiencia escapa cualquier análisis". Volveré a hacer referencia a esto en otro capítulo.

Cabe decir que este último punto se encuentra en total contradicción con la educación actual, la cual se basa en la idea de que "cada elemento debe abarcarse con el intelecto a contracorriente".

Por consiguiente, el practicante debe hacer un verdadero esfuerzo para mantenerse en el ámbito. **Como con todas las iniciaciones esotéricas, el análisis discursivo, y por lo tanto lógico, debe ser únicamente aplicado a favor de la corriente, después del** ámbito **de los sentidos experimentados y no al revés. Esto es, sin llegar a dudas, la razón por la que hay tanto secretismo que las rodea. Si no se muestra voluntad en aceptar este principio, resulta inútil**

seguir este tipo de camino.

Cuando se trata de técnicas de aprendizajes, debes, como ya hemos mencionado, limitarte a un número pequeño y limitado y olvidar cualquier inclinación para aplicarlas.

Además, tiempo atrás, la Tradición decía: antes de cualquier práctica, es necesario hacer, durante tres años, una buena "meditación de pie"[1], de una a tres horas al día.

Un poco dejando a un lado el Taichí (*tai chi chuan*): la combinación de 108 movimientos (o menos si se trata de una versión reducida) debe representarse sin la necesidad de recordarlos; esto es, durante un largo periodo de tiempo, la única manera de encontrarse en un permanente Yi. Un método clásico y aun así sorprendente y que no es más que un paso preparatorio para una práctica involucrada; es ser capaz de actuar, sintiendo los movimientos, mientras se ve la televisión. La "memoria a largo plazo" se activa de esta manera.

Además, esta atención a "otra cosa" preparará al practicante a trasladar esta concentración al Yi más tarde.

Es importante mencionar que un día la forma debe abandonarse y todo debe convertirse en "natural", algo que se olvida a menudo…

Recuerdo contarles a mis maestros chinos que después de aprender las técnicas de cinco estilos diferentes de kárate, de boxeo tailandés y de combate cerrado, durante 25 años, no quise "solo" aprender nuevos, sino que prefería "saber lo que se ocultaba tras ellos". Fue únicamente después de esta clarificación que se me tomó en consideración.

C. Competencia consciente

Esta etapa corresponde, en el trabajo prescrito, a la presencia de la "sustancia" – Qi – dentro de uno mismo. El practicante siente dentro de sí mismo una "materia" densa, que le invade el cuerpo durante el ejercicio zhang zhuang o cuando usa el Yi. Algo que requiere atención y concentración.

Como recordatorio, esta "materia" o "sustancia" es lo que también se llama "el aliento" o "Qi" (Chi), "Ki". Pero en una práctica que no debe ser abstracta, es preferible devolver esta noción a una percepción sensible concreta, la de una "sustancia que evoluciona con el tiempo".

---

1 Ver capítulo "Meditación de pie".

Esta "presencia" comienza en las manos y después se extiende progresivamente a los brazos, luego al cuerpo y finalmente a las piernas.

Cada zhang zhuang tiene como objetivo involucrar ciertas partes específicas del cuerpo. En esta etapa, el practicante puede aprender nuevas técnicas. Estas le permitirán moverse usando los principios del cuerpo, lo que ofrece la posibilidad de activar conscientemente la presencia de la "sustancia" y la posibilidad de "amasarla", al igual que se hace con una masa. La práctica debe dividirse siempre en un tiempo corto para la autocorrección de la técnica, seguido por unos largos minutos de trabajo con el Yi.

D. Finalmente: competencia inconsciente.

Después de un largo trabajo de una a tres horas diarias de "meditación de pie" y una hora de "técnicas lentas" (larga forma de taichí o shili) que al final de siete o diez años, el practicante puede esperar un despertar del Yi. Estará activo de forma natural y permanente a cada momento, esta es la "sustancia".

La sustancia se encuentra por lo tanto en un estado "gaseoso". Así que, la permeabilidad del cuerpo existe (ver siguiente: "la puerta está abierta").

Es en esta etapa cuando el practicante puede actuar libremente.

La técnica se ve apoyada por la "sustancia", al igual que el cuerpo y no requiere de ningún esfuerzo físico. El cuerpo es uno; cada técnica, cada acción, son uno; la integridad del cuerpo. La "falta de apertura" en todas las acciones (hilo de seda mantenido en el movimiento y "entre movimientos") es "natural" desde la presencia de la "sustancia". La habilidad de aplicar la fuerza también es "sustancia".

Es necesario comprobar esta habilidad con un compañero que no sea "cómplice" (voluntariamente o involuntariamente). De otra manera, el practicante se mantiene en una cómoda ilusión de percepción creada por la inconsciencia. Dicha habilidad debe ser superior a lo que el cuerpo produce físicamente cuando es usado en una forma "ordinaria".

El practicante ha sido capaz de comprobar la aplicación de la "sustancia" habiendo respetado la siguiente progresión:

1. En el comienzo, sin moverse, en una "meditación de pie" – zhang zhuang;

2. A continuación, moviéndose lentamente en el sitio – forma o shili;
3. Pasos lentos – bu;
4. Con un compañero, lentamente – tuishou;
5. Con rapidez – fali, fajing;
6. Finalmente, naturalmente – Kong jin

Esta última etapa de "Kong jin" – fuerza vacía – es donde todo es natural. Pero está muy lejos de cualquier aspecto demostrativo. De hecho, todo se vuelve subestimado, sin extravagancia, sin arrebatos inútiles, sin un espíritu (Jingshen) expresivo. Sólo un ojo entrenado puede reconocer este estado. Pero, ¿es esto lo que realmente quiere el practicante?

Nuestro funcionamiento mental

Hemos visto en detalle los fundamentos del entendimiento de las artes marciales, los principios, los errores a evitar, las cosas importantes que no hay que olvidar. Después de esto, hemos analizado las diferentes etapas del aprendizaje. Aunque la imagen no estará completa sin tener en cuenta nuestro funcionamiento mental, el de nuestro cerebro.

El modelo de funcionamiento aceptado es, para la mayoría de los expertos en artes marciales, el definido por el Dr. Paul Donald MacLean bajo el nombre "cerebro triuno".

Para empezar, no tendría sentido no recomendar la teoría de este neurobiólogo y, en particular, los tres textos básicos *El Cerebro Triuno*, así como los trabajos de otro neurobiólogo, Dr. Henri Laborit. Y finalmente, para completar la lista, los trabajos del Maestro Henri Plée.

Mientras tanto, aquí está lo que encontrarás a continuación:

- Una síntesis de lo que yo considero conocimientos necesarios para un practicante;
- Una corta explicación de cómo esa teoría se aplica a la parte marcial de la práctica.

1. Síntesis de la teoría del cerebro triuno[1]

Hoy en día, la hipótesis de la evolución del cerebro humano en tres partes separadas genera bastante controversia. Sin embargo, la descripción de la organización funcional en sí misma parece particularmente correcta en términos de comportamiento. De hecho, los principios de la teoría se utilizan en varios campos: educación de la gestión, marketing, desarrollo personal y, lo que es esencial para nosotros, las artes marciales.

Estos tres cerebros habrían aparecido progresivamente durante la evolución de nuestra especie: reptil, pasando por mamífero, para

[1] Síntesis basada en la obra de Paul D. MacLean, *El cerebro triuno en la evolución: Su papel en las funciones paleocerebrales*.

llegar a *"Homo Sapiens"*, lo que se supone que somos. *Homo sapiens* o lo que significa "hombre sabio" en latín.

Los tres cerebros están superpuestos: el reptiliano (el tronco cerebral), el emocional (paleomamario, el sistema límbico), el neocórtex (nemomamario, intelecto).

Sus respectivas funciones son las siguientes:

- El reptiliano es el cerebro "primitivo", se encuentra en reptiles, pájaros, peces. Su función principal es sobrevivir. Es el responsable del homeostasis, es decir, "el balance dinámico" de nuestros cuerpos, mediante la regulación del corazón, la respiración, la temperatura, etc. En pocas palabras, las funciones vitales, incluyendo beber, comer y finalmente la función de reproducción (primordial para cualquier especie, ya sea animal o vegetal);
- El emocional o el sistema límbico, llamado por Dr. Paul D. MacLean "el cerebro visceral de supervivencia", que apareció en los primeros mamíferos. Su función es ser "el centro psicológico de emociones". Para Dr. H. Laborit es el lugar para la afección, para el ritual (integración social, el grupo) de convicciones, creencias, motivación, sentimiento de seguridad, y lo que es más importante, la memoria a largo plazo;
- El neocórtex es el más desarrollado en los humanos. Es el cerebro "intelectual" que permite el razonamiento lógico, el lenguaje y la anticipación. H. Laborit añade que también puede crear nuevas estructuras: "las estructuras imaginarias".

También permite el "reconocimiento de un objeto como una realidad externa en un espacio dado".[1]

Es fácil ver por qué preocuparse por la apariencia propia durante la práctica solo afecta al aspecto superficial de los humanos.

Lo principal que hay que recordar está aún por llegar.

El neocórtex nos da consciencia de nuestra existencia, el famoso "Cogito, ergo sum" (Pienso, luego existo). Esto significa que el "yo" consciente se limita a este cerebro, aunque, como H. Laborit declara, "solo puede pensar y sugerir. No sabe ni puede hacer nada" y añade: "El cerebro no hace nada, su supuesta parte inteligente está sometida y la parte primitiva decide sin su opinión."[2] Lo que signi-

---

1 Henri Laborit, Éloge de la fuite, Éditions Gallimard.
2 Alain Resnais, *Mi tío de América,* película basada en el trabajo de H. Laborit.

fica que nuestra voluntad no puede controlar los otros dos cerebros.

Aquí encontramos, otra vez, la idea fundamental de que aprender artes marciales no puede hacerse a través de una acción razonada.

En pocas palabras, nuestro neocórtex depende de nuestro sistema límbico, el cual depende a su vez del cerebro reptiliano. El ejemplo explicativo habitual es el de un barco: el capitán es el cerebro reptiliano, el segundo al mando es el sistema límbico y los pasajeros son el neocórtex, o el "yo" …

Podemos ver por qué todas las Tradiciones, iniciadoras, esotéricas y, en nuestro caso, marciales, tienen como su objetivo una acción en estructuras cerebrales profundas. Por ejemplo, la alegoría de Teseo y el Minotauro. Dado que el neocórtex no puede tener ninguna influencia en los otros dos cerebros, estas Tradiciones utilizan medios que tocan el ámbito de los sentidos, a saber: choque emocional, todo tipo de abstinencia, exhaustividad, sufrimiento, reiteración. Este es el punto fundamental que parece haber sido olvidado actualmente por la mayoría de las diversas prácticas.

2. Aplicar la teoría a las artes marciales

Lo más importante que hay recordar, en mi opinión, comprende al neocórtex, o dicho de otra forma: la razón, el intelecto, el análisis, el diálogo, la especulación, la voluntad. En pocas palabras, "uno mismo", o al menos la consciencia que tienes alrededor de tu "yo".

Entonces, el neocórtex no puede decidir una acción, a no ser que el cerebro emocional y el reptiliano lo permitan. Sin embargo, en este caso, cada acción voluntaria será lenta y torpe. El ejemplo de conducir también encaja aquí; mientras esté al nivel de la atención voluntaria, será torpe. Por otro lado, el cerebro reptiliano puede decidir, y el emocional y el neocórtex no pueden hacer nada al respecto. Del mismo modo, el cerebro emocional también puede hacerte actuar sin conocimiento. Esta es la razón por la que la teoría menciona que entre el 95% y el 98% de nuestras acciones son tomadas por los cerebros profundos sin que seamos conscientes.

Por lo tanto, todo lo anterior es muy importante para un enfoque que concierna nuestro funcionamiento mental. Y si aplicamos la teoría de MacLean a las artes marciales, daría algo parecido a lo siguiente:

- Un arte marcial aprendida mediante el razonamiento está al nivel de la memoria a corta plazo, el neocórtex. El resultado de una educación como esta es lento y torpe. Solo se puede aplicar en una situación libre de estrés. De hecho, la falta de estrés es "la" razón por la que los otros dos cerebros "se dejan llevar".

- Un arte marcial enseñada mediante la repetición y el instinto (reflejos) en un método de combate codificado, es decir, ritualista, está al nivel del ritual (macho dominante) por lo tanto, al nivel de la memoria a largo plazo y del cerebro emocional. La rapidez de acción y reacción es tres veces más rápida comparada al neocórtex.

Peleas dentro de un club de entrenamiento, competiciones, e incluso los desafíos están a este nivel. Incluso reyertas, a no ser que… uno de los adversarios se cambie al cerebro reptiliano para eliminar al otro u otros.

Sin embargo, en el caso de supervivencia (cuando el reptiliano decide que su vida está en peligro), ¿qué queda de lo que hemos conseguido aprender? La respuesta es "nada del aprendizaje teórico", porque es el cerebro reptiliano el que actúa. Esta es la dinámica natural instintiva, con una rapidez de acción o reacción 30 veces más rápida que la del neocórtex. El reptiliano elegirá entre dos opciones: huir o matar a los otros y, a veces, inhibición: bloqueo físico y mental. Excepcionalmente, también puede iniciar un "acto de locura", como correr detrás de una persona armada con una pistola.

Así que, ¿cómo funcionaría la enseñanza de artes marciales en este último caso? Hay tres soluciones posibles:

- La primera: "ponerse en modo supervivencia", lo que significa:
  - Trabajando la vitalidad animal, para que pueda aparecer en el momento que sea necesario – "Jingshen", el elemento número uno de la efectividad marcial. Cabe decir que la "dirección" de Jingshen puede ser múltiple; desde marcial (incluso puramente animal) a espiritual, dependiendo de la persona,
  - Reacondicionando el cuerpo para un funcionamiento "natural" óptimo. Tener "kung fu", logro marcial del cuerpo, está en el segundo lugar en el orden de importancia marcial.
- La segunda solución: recibir un "lavado de cerebro" para la con-

secuente reacción, o dicho de otra manera:

- Trabajo de visualización (o una simulación) de una situación extrema con emoción, agotamiento, sufrimiento y una acción simple, esto es, actuar para matar, por ejemplo: entrenamiento militar, pero lo que no siempre funciona o al menos, no funciona muy bien (reaccionar exageradamente ante el riesgo; ¿quién querría convertirse en un animal peligroso?
- Sin olvidar que en modo supervivencia, siempre hay lagunas (algunas personas olvidan lo que están haciendo y solo algunas imágenes sobreviven como una "memoria".
- Por último, la tercera solución y la menos obvia: no ponerse en modo supervivencia y aplicar todo lo aprendido al nivel de la memoria a largo plazo del cerebro emocional (la técnica, ubicada en el tercer lugar en el orden de importancia en las artes marciales; pero debe recordarse que el "yo" no decide. La única posibilidad es que este tipo de situación ocurra a menudo…

Durante la batalla de Stalingrado se observó que las "nuevas" tropas rusas, aquellas con experiencia, fueron más eficaces que las alemanas preparadas para el combate. ¿Por qué? Porque de los pocos supervivientes de entre los que estaban llegando se encontraban en un estado de locura por la supervivencia, lo que resultó terriblemente eficaz. Los alemanes, por otro lado, llevaban tanto tiempo en modo supervivencia que estaban "trivializando" los riesgos que corrían en su mente.

La metáfora mencionada anteriormente, de un hombre que cruza una viga de madera, es la típica ilustración de la interacción entre los tres cerebros:

- A 30 centímetros del suelo, sin ningún riesgo; demostración o competición, confrontación controlada: cerebro emocional;
- A 2 metros, si me caigo, me haré daño; lucha con noqueos: cerebro emocional:
- A 5 metros, lucha "no convencional", sin armas; si me caigo, podría hacerme mucho daño: cerebro emocional o reptiliano, dependiendo de la persona;
- A 10 metros, si me caigo, arriesgo mi vida: cerebro reptiliano – o. excepcionalmente emocional si el acto se trivializa.

Sin embargo, todo puede variar dependiendo del individuo: si, a 30 centímetros del suelo estás en modo supervivencia, entonces estás enfermo y eres peligroso…

¿Entonces, qué hay de las artes marciales internas? Podemos ver cómo el trabajo interno, con su objetivo de influenciar a los cerebros profundos, puede realmente transformar al practicante. Sin embargo, dependiendo de la dirección dada, las repercusiones pueden ser muy diferentes, algo que abarcaremos más tarde. Sobre este tema, existe el edificante ejemplo de O'Sensei Ueshiba que consiguió transformar el arte de guerra de su maestro Sogaku Takeda en un arte de dimensión espiritual. Hay muchas razones por las que pensar que la influencia de Onisaburo Deguchi de la secta Omoto – inspirada por el sintoísmo – fue determinante en sus elecciones. Una metamorfosis que también he observado en un Maestro chino que frecuentaba a monjes taoístas y budistas.

Se puede concluir con que el efecto del entorno ambiental es, sin ninguna duda, en la práctica de las artes internas, un factor en la evolución del practicante.

3. Los diferentes tipos de rituales según Konrad Lorenz

El interés en conocer varios tipos de rituales no es para tener un ojo crítico con aquellos con los que interactuamos, sino más bien *observarse* a uno mismo de manera que *ganemos cierta perspectiva,* relativa a las acciones y reacciones de uno mismo. El objetivo es, como en cualquier desarrollo personal, abandonar nuestra naturaleza animal.

Permítenos empezar con lo que declaró el biólogo Konrad Lorenz: "El comportamiento instintivo de los animales, humanos incluidos, se determina por unos estímulos innatos, no aprendidos", lo que llamó "los mecanismos innatos que desencadenan un comportamiento"[1]. Estos rituales del sistema límbico, o dicho de otra manera, del inconsciente, prácticamente idénticos a los de los grandes simios, dictan acciones y reacciones instintivas. Solo el miedo al castigo y al rechazo por el grupo (también parte del sistema límbico) pueden pararlo.

¿Qué son estos rituales y en qué consisten? En relación con nuestro tema, existen:

---

1 Desarrollo basado en: Konrad Lorenz, *Evolución y modificación del comportamiento.*

- El ritual del territorio: vital para el animal, para alimentarse, para proteger a la hembra (en el caso del macho) y para proteger a la descendencia (en el caso de la hembra). En los humanos esto se traduce en reacciones involuntarias e impropias del conductor (vehículo=territorio), los retos tribales de los aficionados, la pertenencia a una escuela de artes marciales;
- El ritual de la seducción: el pavo real enseña su cola, el hombre joven sus músculos o su bonito coche. La mujer joven lleva unos pantalones ajustados y enseña su escote. El practicante de artes marciales muestra su bella técnica frente a una audiencia de ambos sexos;
- El ritual de la sumisión: el lobezno rueda sobre su espalda para mostrar sus indefensos órganos vitales, el estudiante se somete a la técnica del Maestro o del instructor;
- El ritual de la dominación: el león ruge y los cachorros machos huyen, el soldado muestra sus medallas, el practicante sus diplomas, su cinturón y su dan;
- El ritual de la provocación: el gorila se golpea el pecho, el equipo de rugby hace su danza hakka, el competidor intimida al adversario con la mirada y grita un fuerte – pseudo – Kiai.
- El ritual de la confrontación: los ciervos se enfrentan durante el periodo de celo, los jóvenes se enfrentan en la pista de baile, los practicantes se confrontan entre ellos en encuentros codificados, los ancianos durante debates teóricos.

Por supuesto, hay muchos más ejemplos.

4. Un posible enfoque a lo "espiritual"

Para aquellos que están buscando, gracias a la práctica de un arte interna, alguna forma de realización espiritual, hay que recordar algo específico. Lo recordaré: el neocórtex permite "el reconocimiento de un objeto como una realidad externa en un espacio dado". Esto significa que (la razón, el intelecto, el análisis, el diálogo, la especulación y la voluntad) nos separa de una realidad externa incuestionable a un nivel perceptual. Por lo tanto, crea nuestra "burbuja de individualidad", la cual "solo" se rompe por nuestros cinco sentidos.

Esta es la razón por la que, al igual que anteriormente, un enfoque intelectual no puede conseguir modificar una percepción. Los análisis de textos, ya sean religiosos o esotéricos, "solo" pueden ser indicadores, al igual que esta guía pretende ser. Por lo tanto, cualquier especulación está limitada. Solo la práctica real (en el sentido de cuerpo/mente) junto con las herramientas de la Tradición, puede potencialmente ofrecer una real y concreta "ampliación del campo de la consciencia", y esto, gracias a que las herramientas han sido creadas para tener un efecto en los cerebros profundos. Como veremos juntos más tarde, el "aliento" es la conexión que permite esta ampliación.

Sin embargo, ¡también tiene que estar compuesto por la propia naturaleza del practicante!

El aliento: Qi, Ki

¡Ah! Esta moda misteriosa, el Qi (¡o Ki en japonés!) Un misterio que hace soñar a cada persona entusiasmada por encontrar una dimensión interna permitiendo escapar sus propios límites. Exótico en occidente, donde se ofrecen métodos simples y complacientes para desarrollarlo, tanto por razones de salud como espirituales y marciales. Un elemento igual de misterioso en Asia, donde los "Maestros" actúan con cierta frialdad ante desafortunados voluntarios con este fluido mágico. El cual está siendo aceptado por las teorías de algunos libros contemporáneos creadas por haber indagado en escritos taoístas y la medicina china... El misterio de los misterios, abstracción, fluido mágico. La lista podría continuar sin problemas. ¿Una exageración? Un poco, solo un poco...

La mayoría de los luchadores realistas sobre las artes marciales, o deportes de combate, sonríen amablemente, pero se ríen en el interior cuando escuchan esta palabra. E incluso adeptos de las artes internas, al menos los de una tradición auténtica, pueden entender el porqué. Recuerdo a mi anciano Maestro que decía injuriosamente: "¡Tonterías!", cuando veía a los vendedores ambulantes de Qi en el parque de Pekín. Por supuesto, como en cualquier campo, hay gente seria, pero a menudo, mostrar servicios con fines comerciales no es siempre prueba de autenticidad. Es todo una cortina de humo para atraer a los clientes.

Así que para evitar la abstracción que permite afirmar todo lo perteneciente a una noción que es, para la mayoría de la gente, inmaterial y por lo tanto, irrefutable, abarcaremos este tema a través de la experiencia.

Empezaremos con una introducción. Al igual que el rechazo de cualquier aspecto concreto del Qi dificulta su percepción, definirlo intelectualmente crea una barrera psicológica difícil de superar.

Para parafrasear al Rezo de Cats Abbey que decía: "¡Definir a Dios es distanciarse a uno mismo de Él!" podríamos decir "¡Definir al Qi es distanciarse a uno mismo del mismo!". O al menos así es como las auténticas tradiciones lo ven.

Además, es importante no oponer la educación y las herramientas utilizadas, como suelen hacer algunos practicantes que tienen un contexto profesional científico. No estamos en el ámbito del análisis discursivo, sino en el de la experiencia. **Uno debe aceptar la posibilidad de experimentar el "aliento" y esperar un resultado que la imaginación no puede ni debería definir.**

Aviso: el "Qi" en chino, o "Ki" en japonés, es un principio que puede traducirse, según la alquimia taoísta, como "aliento". Deberíamos evitar la típica traducción como "energía". En efecto, suena demasiado virtual, aunque el término "vende" mejor hoy día.

"Normalmente, el Qi interno se traduce como "energía", más específicamente en textos médicos. Nosotros preferimos usar la palabra "aliento", porque el Qi externo o el aliento externo no es diferente en su origen del Qi interno o del aliento interno. Es más, en textos de alquimia interna, el movimiento del aliento interno se entiende como algo similar al de la respiración, con inspiración y expiración"[1]

Concretamente: La experiencia de trabajo interno permite que, progresivamente "a largo plazo", se sienta el Qi como un tipo de "materia" dentro del cuerpo. Materia que yo prefiero llamar "**sustancia**", **porque así es como se percibe a un nivel sensible. Esta "sustancia", a través de los años de práctica, se transforma en fluidez para un día salir y entrar del cuerpo de forma totalmente consciente. La "permeabilidad" adquirida del cuerpo al Qi se siente como si uno "inspirara y expirara" utilizando todos los poros del cuerpo, algo similar a respirar**—una diferencia notable es que, después de más de veinte años de práctica regular, "la inspiración y la expiración" ocurren simultáneamente, una paradoja que solo la experiencia puede explicar.

El aspecto concreto del aliento evita la creación de sentimiento subjetivos como "Siento la energía dentro de mí", "Siento una bola de energía en mis manos", "Siento la energía de algo", de ahí el término "sustancia". Es preferible seguir unos pasos determinados. Para probar lo que se cree como un resultado con gente que no son parte de la mis-

---

[1] *Tratado de alquimia y medicina taoísta,* traducción de la edición del libro de Zhao Bichen: Treatise of Alchemy and Taoist Medicine realizada por Catherine Despeux.

ma escuela. Esto con el objetivo de evitar muchas desilusiones. Acabo de recordar una anécdota. Un amigo, entusiasmado por las artes de energía exóticas me pidió probar un emisor de Qi que había comprado en China. La cosa estaba hecha de una parte parabólica encima de un soporte, en el que había un tubo insertado lleno de un líquido misterioso. "¡El efecto es sorprendente!" dijo, porque durante un taller de taichí todos los practicantes se habían quedado impresionados por la fuerza de la emisión de Qi de la máquina. Es más, tres mujeres perdieron el conocimiento *bajo su efecto*.

Así que, ante tal curiosidad, un par de estudiantes y yo nos colocamos frente a la máquina. Pasaron diez minutos, luego quince, durante los cuales nos mirábamos los unos a los otros con expresiones interrogantes. Después de media hora, nos aburrimos y yo tuve la dura tarea de destrozar una ilusión.

Se debe sin duda a la similitud entre la percepción de la respiración fisiológica y el término "aliento" que se ha conservado universalmente. Podemos encontrar esta noción en tradiciones distintas a las del lejano oriente. Para mencionar algunas: *Prana* en sánscrito, *Pneuma* en griego, *Ruach* en hebreo, *Ruh* en árabe, *Spiritus* en latín. Saint Paul marcó una diferencia entre "pneumatikos" y "psychikos"; respectivamente, las personas a un nivel espiritual y las que aún no lo han alcanzado. Los cristianos gnósticos han aceptado esta oposición mediante la diferenciación entre "hylics" (materia), materia ligada a la materia, "physics"(espíritu), cristianos despegados de la verdad, y "pneumatics", lo que tienen el "conocimiento", los que han alcanzado el gnosticismo[1].

Pero nos estamos yendo del tema (aunque…).

Una cosa importante que hay que anotar es que la palabra "Spiritus", que significa "espíritu" en latín, no evoca a la misma imagen que la del inconsciente colectivo occidental, de ahí la pérdida de tantos puntos de referencia.

La ventaja de este "punto de vista ecuménico" es que nos evita errar en un exotismo indeseado. **Un hombre es un hombre, independientemente de su origen, color, nacionalidad, religión. Por consiguiente, la esencia actual de hombre universal, así como la esencia de las tradiciones originales que le han sido legadas. Solo**

---

[1] *Le Souffle – Sous le sceau du secret*, Le Mercure Dauphinois, p.31 (del mismo autor).

la apariencia cultural es diferente. Desgraciadamente, muy a menudo, demasiado frecuentemente, los "especialistas" estudian "las diferencias de lo externo" en lugar de buscar esta esencia común.

Sin embargo, esta traducción, "aliento", puede dar lugar a algunas confusiones bastante serias. La más común es asociar la noción únicamente con una respiración psicológica. Pero, como explicaré más tarde, **el "aliento", el Qi, es una "sustancia que rodea todo y permea todo",** y eso no es una teoría cualquiera, sino que es la percepción real del practicante.

Lo que le falta al Hombre es la percepción de esta "sustancia" dentro y fuera de él. Así que, no puede cambiar su relación con ella. **Debe recuperar el sentido que le permite densificarla, después "amasarla", hacerla fluida, para finalmente aumentar la "permeabilidad" de su cuerpo con el objetivo tener comunión conscientemente.** Por supuesto, esta relación existe por la naturaleza de todas las cosas. Sin embargo, la comunión con la "sustancia" solo puede ser muy débil, puesto que está "dormida", sin consciencia – ver el siguiente capítulo.

Esto se puede comparar a la música ambiental que uno acaba escuchando cuando está muy preocupado por pensamientos reflexivos.

Volviendo a la confusión sobre el aliento. Las "Asanas" en yoga son una *herramienta* que tiene la función de percibir y más tarde densificar el *Prana*. Exactamente como el zhang zhuang – *ritsu zen* – en las artes marciales internas. El "Pranayama" es una herramienta que usa la respiración para guiar el *Prana*, dentro de uno mismo, al igual que todas las "formas lentas unidas al Yi" en las artes internas.

Sin embargo, como en cualquier Tradición, no se debe empezar con el "saber cómo". *Respirar por respirar* no puede funcionar – un error muy común, al igual que realizar técnica porque sí. **Al igual que en las artes marciales, respirar sin usar la "sustancia" percibida puede ser bueno para la salud, pero inútil para guiar al Qi. Lo que también se aplica para el movimiento corporal.** Esto es lo que intentaré enseñarte en este libro. La respiración puede ser una herramienta de trabajo para el "aliento". Al igual que el movimiento del sonido y el cuerpo puede serlo (e incluso algún día, por ejemplo, el rezo auténtico).

Pero lo más importante, la confusión de todas las confusiones, es esencial **no confundir la herramienta con el objetivo.** Y, por consiguiente, **no amalgamar el significado con el objetivo.**

Algunos ejemplos de este error:

- Hacer posturas de yoga por hacer una interpretación, sin saber nada del trabajo interno;
- Hacer Pranayama demostrativo, pero sin guiar el Prana;
- Hacer un zhang zhuang físicamente, pero sin el despertar de una consciencia de la "sustancia";
- Hacer un trabajo de respiración, pero sin saber guiar a "la sustancia", porque no ha habido un despertar de consciencia de esta sustancia;
- Hacer unos lentos y elegantes, o densos, movimientos, usando la isometría y estructuras tendinosas, pero sin guiar a la "sustancia".

Es decir, manteniéndose en la imagen del ser, o en el aspecto práctico de la herramienta, mientras se olvida el objetivo. De esta confusión se originan muchas ilusiones en las artes marciales, por ejemplo:

- Kokyu, lo que solo es un ejercicio de respiración, con el "hara" como un principio teórico;
- Kiai (uniendo el aliento) lo que solo es un grito desgarrador, aunque sea inaudible;
- Shi sheng (probando el sonido) lo que solo son ejercicios vocales, aunque sea inaudible:
- Kotodama (palabras sagradas) de las cuales se espera una cierta repercusión mágica;
- Fajing, lo que son únicamente fali, hecho únicamente a través de la fuerza física;
- "Expresiones de integridad", las que únicamente son acciones mímicas
- "Principios del hilo de seda, de echar raíces", lo que no son nada más que búsquedas físicas.
- Etc.

Todas las herramientas mencionadas son de una gran calidad, pero si el "aliento" no está presente y el practicante no lo percibe, pierden toda "sustancia".

La tradición china divide a menudo el Qi en varias nociones. Algunas dentro de ellas son:

- Yuan Qi: aliento original,
- Zheng Qi: suma de alientos innatos y adquiridos,
- Zong Qi: aliento ancestral,
- Jing Qi: aliento esencial o seminal,
- Ying Qi: aliento nutritivo,
- Wei Qi: aliento defensivo.

El carácter primitivo para Qi

Cabe decir que, para el practicante, esta diferenciación proveniente de la medicina china puede mejorar su cultura general, pero no será útil para avanzar en la práctica de las artes marciales. Como es a menudo el caso, la confusión está entre "saber" y "experimentar". Es fundamental recordar que: **"Aunque hay varios tipos de Qi, todos son Qi"**. Y en un nivel práctico, la voluntad por diferenciarlos, es un obstáculo adicional.

Algunas metáforas merecen ser mencionadas, como esta de Zhao Bichen:

> *"¿Qué es el Qi? Quibo responde: el quemador superior abre y esparce el olor de cinco cereales que penetra los músculos, llena el cuerpo e irriga el pelo, como la niebla o el rocío; esto es a lo que se llama Qi*[1]*"*

Muy bonito, ¿verdad?

Aunque permítenos permanecer pragmáticos y evitar crear, como en un Qi Gong moderno, sueños que solo servirán como apoyo para

1 *Tratado de alquimia...*, op.cit.

percepciones subjetivas. En trabajo interno, la progresión debe ser comprobable. El Qi, la "sustancia", deber percibirse de una manera tangible, especialmente porque tendrá que usarse contra un compañero o incluso un oponente. Lo que nos ha sido legado es una herramienta para mejorar las posibilidades físicas en caso de una confrontación. Hace no mucho, no era cuestión de desempeñar un papel, sino una cuestión de supervivencia. De ahí que cualquier ilusión pudiera verse rechazada por los "ancianos". En cambio, a día de hoy, la dimensión interna de las artes marciales está más a menudo dirigida a una realización propia e individual. Sin embargo, esto no reduce la efectividad de las herramientas; pero el ancestral "saber cómo" debe respetarse.

La progresión de la percepción del Qi es más o menos larga, dependiendo del tiempo dedicado a las herramientas cada día. En general, se necesitan de tres a cinco años, de una a tres horas diarias, para empezar a sentir la "sustancia" dentro del cuerpo entero. Esta percepción, como explicaré más tarde, en el capítulo "meditación de pie", comienza en las manos, después se desplaza a los brazos, luego al cuerpo y finalmente llega a las piernas.

Es entonces cuando el practicante siente estar transformándose en un "hombre michelín ", lo que significa "inflado", pneumatic. ¡Mira! Al igual que la expresión griega o que la de Saint Paul. Este sentimiento está presente durante la práctica y desaparece después de la misma, y un día se convierte en algo permanente. La densidad del aliento mejorará con el tiempo, como también hará el kung fu.

El practicante tendrá entonces el sentimiento de ser transportado por su propio aliento. El "aquí y ahora" será presencia de la "sustancia" y, por consiguiente, el Yi natural permitirá no tener una "apertura", el "hilo de seda" se mantendrá. Las herramientas, sobre las cuales hablaremos más tarde, permitirán "*amasar*" esta "sustancia" con el objetivo de hacerla más maleable. Después de esto, si el practicante posee las cualidades necesarias, puede ganar fluidez. Y algún día hasta quizás gaseoso, capaz de entrar y salir del cuerpo como una respiración. Hasta este nivel pueden trascender las habilidades físicas de uno mismo. Cada movimiento se sentirá como una respiración a través de todos los poros de la piel.

Entonces, con tiempo y persistencia, el "aliento unificado", inspiración y expiración ocurriendo simultáneamente, permitirá al practicante usar el Qi universal en su práctica, más o menos. Finalmente, si "la puerta se abre para él", si "el Tao le da la bienvenida", su "burbuja de individualidad" explotará, **"su consciencia dividida se unirá a la que no lo está"**. Esto no es una teoría, sino una experiencia. (De todas formas, nos estamos desviando del tema del libro) Aquí encontramos los cuatro estados de las tradiciones occidentales y budistas: sólido, líquido, gaseoso, etéreo.

En un nivel práctico:

- **El estado sólido del "aliento" hace que uno sea torpe y no es realmente aplicable;**
- **El estado líquido es aplicable, pero limitado;**
- **El estado gaseoso nos permite sobrepasar nuestros límites;**
- **El estado etéreo... Quizás algún día, pero eso es otra historia.**

Así, ¡qué el "aliento" te acompañe!

Nociones complementarias

1. El Yi

Todo el mundo se ha sentido observado. Uno se da la vuelta, mira a una dirección específica y descubre quién es el observador. Te preguntas, cómo es eso posible... Y cuál es el origen de la percepción de esta mirada. A menudo hay varias respuestas: la inconsciencia, el instinto, la suerte, etc. Y, otra posibilidad, ¿y si el fenómeno de nuestra propia percepción estuviera conectado con la intención dirigida por el observador, con quien sentimos, de manera excepcional, una forma de *relación* supra sensorial?

Para el practicante experimentado, o para la persona entrenándose con un experto, la respuesta es obvia. En parte, esto es lo que se llama "Yi" en chino. Los glosarios médicos chinos mencionan que el Yi es "la ideación, el pensamiento, la idea, la memoria que se manifiesta a través de la formación de una idea y una intención en el corazón". Lo que es, cuando menos, complicado y tiende a amalgamar la reflexión, el neocórtex, con la inconsciencia, es decir, "la intención del corazón".

Sin embargo, me encargaré personalmente de no olvidar el último punto, que recuerda en cierto modo al "Logos" (normalmente traducido como: "palabra", "verbo", pero también y principalmente como "la razón del corazón que produce la intención") y la cual permite, según Platón, existir en la *caverna* y por consiguiente, los límites de percepción del hombre común. Una sorprendente analogía con el trabajo en las artes internas, pero no hay que olvidar que los griegos eran expertos en la contemplación, lo que puede conducir al mismo resultado.

Volviendo al Yi. En mis trabajos anteriores, hace unos quince años, hice mención a que, por propósitos prácticos, este principio corresponde:

- A la intención, es decir, un impulso que dirige la acción en una

dirección específica;
- A la atención, una concentración mental que permite enviar la totalidad de la interioridad en esa dirección;
- La imaginación perceptual, sensible al objetivo y al viaje que hay que lograr.

Estos son los detalles del trabajo a realizar que permiten al practicante a apoyarse en algo concreto y dirigirse hacia un ámbito sensorial del que aún no es consciente.

Para acercarse a este principio se pueden mencionar algunos ejemplos simples de Yi:
- El leñador que mueve su hacha hacia el árbol con sus ojos/intención en el objetivo;
- El arquero que envía su flecha hacia el objetico que ya ha alcanzado;
- El judoka, el aikidoka, realizando un lanzamiento en la dirección de la intención dada por sus ojos.
- Etc.

Además, si deseamos mejorar nuestro Yi, parece necesario usar ejemplos de *la vida cotidiana* donde una "conexión sensible" existe, como:
- La persona que reza y dirige su rezo a la cruz, a un lugar, a Buda;
- El padre o la madre, abriendo sus brazos a su hijo, a quien no han visto por un largo periodo de tiempo (la conexión existente antes del contacto físico).

En estos dos ejemplos, la "apertura/intención del corazón" parece evidente. Sin embargo, pese a estos ejemplos, los cuales pueden indicar un camino certero para acercarse al principio, hay obviamente un elemento esencial que les falta.

¿Qué les falta? ¿La relación entre Yi y Qi ("sustancia" o "aliento") según el nivel alcanzado?

El Yi no solo tiene una función de control nervioso y motor destinada los músculos, lo que sería un gran error de interpretación, sino más bien para mover el Qi, con tiempo y paciencia. **El "Yi" en las artes internas es el sentido que permite guiar al Qi dentro del cuerpo, pero también del interior al exterior y a**

la inversa. Al menos, así es como podría ser un día.

¿Por qué esta noción de "sentido"? **Porque estamos realmente hablando sobre la "reeducación sensible" de un sentido que está dormido.** Se puede considerar que los humanos han perdido mucha consciencia de este "sentido" y que el trabajo que hay que realizar consiste en el despertar de la consciencia del mismo en el practicante. Y esto, para que un día el Yi se convierta en algo "natural" y no requiera que se haga nunca más ningún esfuerzo.

Debo enfatizar que para que esta función sensorial exista, Yi y Qi deben estar conectados y acabar fusionándose. Pero un factor importante es que esta "fusión" permite guiar al Qi **"a través del Yi":**

- En el movimiento: *artes escénicas, artes marciales, yoga;*
- En el sonido: *Kiai, Shi sheng, Mantra, Dhikr;*
- En la inhalación y exhalación psicológicas: *Pranayama, Kokyu.*
- Y para algunas en la intención espiritual.

Todo se vuelve idéntico en la consciencia de la "relación interior/exterior". Es más, el "Yi/Qi" permite igualmente recibir una percepción sensorial, no sólo del Qi interno, pero también del externo. (Lo que está fuera del ámbito de esta guía).

Para hacer esto, la reeducación debe seguir progresivamente la transmisión precisa de la Tradición.

2. El Jinghsen

Los resúmenes de medicina china indican que:

> *"El Jingshen combina en una noción el aspecto de Shen (el espíritu), las conocidas como las actividades espirituales, mentales y emocionales del hombre, y la noción de Jing (la esencia prenatal y postnatal), haciendo referencia a los sistemas mentales y emocionales a través de los cuales el cerebro responde a los estímulos del mundo externo. Las habilidades espirituales y las respuestas emocionales."*[1]

También añadiré: "la respuesta ante los estímulos del mundo interno".

En esta explicación, pienso que es mejor retener "respuestas a los estímulos del mundo externo" (e interno), y "habilidades espirituales y respuestas emocionales". Para resumir, "estímulos, emoción y

---

1 V. Terrier, http://www.sinoptic.ch/qigong/

espíritu". La tradición de las artes internas se apoya particularmente en esos elementos en su trabajo. *Es suficiente* con trabajar con el Yi (intención, nuevo sentido) la percepción interna también debe ampliarse, así como la relación externa con "el objeto". El objetivo de este estado perceptual es estar atento ante las más pequeñas variaciones percibidas. Para esto, es necesario poner el "potenciómetro" de los sentidos en un modo de no agitación, un error común, pero, de una manera sutil, con el objetivo de que cada cambio, cada evolución, sea consciente.

El "Jingshen" corresponde a este fenómeno. Intensifica la "vitalidad de la mente", lo que a su vez permite aumentar la percepción sensorial y, con el tiempo, el suprasensorial (el Yi, el Qi, el Shen, y, por consiguiente, el espíritu de decisión y acción. Esta es la cualidad número uno que el practicante de artes marciales debe tener. La tradición es muy clara en esto. Las cualidades del artista marcial tienen el siguiente orden de importancia (como ya hemos visto anteriormente):

- Jinghsen
- Kung fu – éxito
- Conocimientos técnicos

Una pequeña precisión, el "kung fu" (gongfu en pinyin) es el nivel de éxito que hace al cuerpo denso y lo activa en su totalidad, dando como resultado una efectividad real.

Cabe decir que los conocimientos técnicos están los últimos en la lista. De hecho, incluso "sin técnica", una persona que posea las dos cualidades previas, *Jingshen y kung fu*, es igualmente aterradora. La experiencia de todo luchador confirma la importancia del "Jingshen". Si, frente a ti, aparece un hombre preparado para hacer lo que sea, desatado con lo que algunos llaman el "espíritu de la locura", aparecen dos soluciones posibles (tener éxito en ponerse a su nivel de vitalidad o, por el contrario, huir). La derrota está prácticamente garantizada si no eres capaz de conseguir un estado similar.

En deportes, el "Jingshen" se ha traducido como "el ojo del tigre". La tradición indica que esta noción de vitalidad interna se ve en la mirada, los ojos, pero también puede se puede añadir que esta vitalidad está conectada con el Yi percibido inconscientemente. La intensidad de la mirada demuestra una capacidad por una determinación aterradora y una vitalidad intensa.

Se puede añadir un único matiz: el "Jingshen" no es un tipo de locura, sino un diferente estado que ofrece la posibilidad de usar los recursos esenciales del hombre. Es más, permitirá un día *sublimar* la mente.

Sin embargo, la dirección dada puede variar entre practicantes. Algunos expertos enseñan y trabajan ellos mismo con imágenes de destrucción, órganos explotando y hemorragias internas en adversarios imaginarios. Esto no está muy lejos de la noción de locura. Puede haber sido una solución en el pasado, pero hoy en día es una desviación obvia.

Este "espíritu de vitalidad" también puede dirigirse al espiritual a través de la extensión del "campo de percepción" de uno mismo, lo que es esencial tanto en trabajo interno como en expediciones esotéricas. Los ejemplos son abundantes. Se puede hacer mención a a representación del Gurú Rinpoche, Padmasambhava, cuyos ojos presentan un evidente "Jingshen". A menudo erróneamente interpretado como una "mirada enfadada". La metáfora zen que "uno mismo debería meditar como si hubiera un tigre de pie en frente" tiene la misma naturaleza. Aquí encontramos las capacidades espirituales descritas previamente.

El "Jingshen" es, por lo tanto, esencial en el trabajo a hacer. Se debe usar en zhan zhuang, en "movimientos lentos guiados por el Yi", en tuishou, y por supuesto, en peleas y ataques, ya se llamen "Jiji" o "Shiai". Es esencial, en el caso de las confrontaciones inusuales, para no sufrir el adversario. Sin embargo, el deseo de destrozar al oponente, en mi opinión, no es algo bueno para la salud mental de uno mismo. Laoshi Wang XJ utiliza una idea para evitar esta dificultad: "Estás escapando de un incendio. El oponente es el obstáculo de tu salida". No hay odio, no hay pensamientos negativos.

Sin embargo, yo pondría la barra incluso más baja para la práctica diaria. Como una alegoría, utilizaré una idea personal: **"Un poco como cuando estás intentando escuchar un murmullo, te levantas para oír no sólo lo inaudible, pero también algo que tus sentidos ya no perciben"**. Cabe destacar también que el "Jingshen" es esencial para emitir el "aliento" y para recibirlo. Por supuesto, cuando el nivel es adecuado, cualquier variación del "Jingshen" es posible, dependiendo del día, de las situaciones, del instinto. Pero, mientras tanto, ¿cómo se puede lograr el "estado correcto"? Como siempre, sin especulación, pero sí usando una experiencia pasada. Sólo esta puede provocar una respuesta de tu inconsciente. Ser concreto, sin sueños, sin "películas". Piensa en un evento que te haya dejado con una exhalación sensorial excepcional, por ejemplo:

- Un amanecer o una puesta de sol en el horizonte que parecía estar absorbiéndote;
- Una situación potencialmente arriesgada de la cual conseguiste escapar gracias a una acción liderada por algo que se te escapa;
- Un asombro que no "se cayó a tus pies";
- Un encuentro excepcional que cambió tu vida.

Y para aquellos que absolutamente quieren algo marcial:

- Imagina que estás rodeado por enemigos preparados para atacarte, pero ten cuidado con esta idea, si se trata de una experiencia real, no debería "ensordecerte" como hace un sonido demasiado fuerte.

Usa la memoria como un apoyo, visualízalo, siéntelo, luego deja que esa idea se distancie, pero mantén el sentido de exaltación (sin agitación, con una sonrisa interna) y trabaja con la herramienta apropiada. Con el tiempo se conecta al Yi cuando este es "natural". Finalmente, es necesario repetir que ¡sin "Jingshen" no se progresa!

3. Receptores y emisores de Qi

Es concebible, ya sea en teoría o a través de una experiencia sensorial, que el Qi (el "aliento universal") está en nuestro interior, al igual que en cada punto del universo, que fluye en nuestro cuerpo, pero también entra y sale del mismo sin escaparlo nunca completamente, sabiendo que la gente está inmersa en él. **Entonces también puede entenderse que las partes más sensibles del cuerpo humano permiten la percepción de esta relación conscientemente.** Tradiciones diferentes han representado este principio con diferentes ideas. Sin embargo, para aquellos que desean conectar las tradiciones entre ellas, estas ideas pueden tener el mismo significado. En el budismo, podemos encontrar divinidades como Tara, con ojos en las plantas de los pies y las palmas de las manos (y entre los ojos, el tercer ojo), mientras que, en el cristianismo, Jesús fue crucificado con los clavos clavados en los mismos sitios, cuando por aquel entonces, los torturados eran clavados de las muñecas. El taoísmo, más pragmático, prefiere hablar sobre "respirar" por los pies, por ejemplo. La tradición de las artes marciales también lo confirma, pero sin explicarlo verdaderamente para cada elemento del trabajo. La experiencia del practicante también lo apoya. Las manos no deberían estar cerradas en el trabajo interno, ni en la "meditación de pie", ni tampoco durante movimientos lentos, de esta manera se permite recibir de manera consciente, durante un largo periodo de tiempo, el flujo de la "sustancia".

Un ejemplo revelador es la postura de la "meditación de pie" llamada "sosteniendo a los pájaros". El principio es sentir la presencia de un pájaro en cada mano mediante la imaginación (¡pero también sintiéndolo!). El trabajo que debe llevarse a cabo consiste en apretar las manos, pero sin cerrarlas completamente y abriéndolas solo muy sutilmente, para que los pájaros no puedan escapar. Cada micromovimiento está conectado a todo el cuerpo, obviamente. Otras aplicaciones varias también son posibles.

Cada cierre completo de las manos neutraliza la sensibilidad de este primer receptor. El principio se ve en la meditación budista, en la postura del loto, con la mano izquierda abierta en dirección al cielo, la derecha hacia la tierra, y las suelas de los pies también hacia el cielo. Suelas que, con el tiempo, se "despertarán" progresivamente y, al igual que las manos, recibirán el "aliento" en consciencia. Henry Plée, "despertador", también dijo que el trabajo a manos abiertas es superior al de a puños cerrados (sabiendo que también es posible trabajar con los puños, pero con el principio de "sostener a los pájaros"). **El segundo receptor, las suelas de los pies,** requiere muchos años de práctica adicional. **Después de eso, muchos más años para que un día el cuerpo entero pueda respirar conscientemente con todos los poros de su piel.**

Es solo en este punto cuando uno puede sostener el bokken [1] como Itsueo Tsuda o Morihei Ueshiba, o la lanza como Yue Fei, "estando la puerta abierta".

Respirar conscientemente se vuelve posible poco a poco gracias al trabajo del Yi ("intención", entonces "nuevo sentido", ver el capítulo sobre el Yi) el cual, durante los movimientos lentos, "amasa la sustancia", el Qi, para un día hacerlo gaseoso; **un estado del Qi que permite a los receptores tener la permeabilidad requerida para**

---

1 Sable de madera.

intercambiar, como una "respiración", inspiración y expiración, de dentro hacia fuera. Exactamente como el zhan zhuang, donde el trabajo en la relación interior/exterior crea la conexión con el Qi íntegro. **La "transmutación del cuerpo" puede entonces completarse, gracias al trabajo hecho.** Sin embargo, esto requiere alrededor de veinte años de un trabajo "correcto". Pero antes de conseguir este estado, si llega el día, es importante entender lo que caracteriza a estos receptores iniciales.

El cuerpo, un receptor "inconsciente", se encuentra normalmente en comunión con el Qi El trabajo interno "estimula" la receptividad de manos y pies, después el cuerpo y, finalmente, permite a algunas partes convertirse también en emisores. El Maestro auténtico no es más que una "conexión" entre el Qi universal y "el objeto".

La mayor parte del tiempo, los especialistas del sincretismo, escogen dibujos de los meridianos de acupuntura y nombran puntos particulares, *"laogong"* para la mano y *"yongquan"* para los pies. Pero, aparte de repetir lo que se ha dicho y escrito mil veces, ¿cuál es el interés del practicante? Para ser prácticos, deberíamos intentar y encontrar el origen de la particularidad de estos primeros receptores. Analógicamente, para que el trabajo se realice, podemos ver que para "despertar" la percepción consciente en las distintas partes del cuerpo consideradas dormidas (ver "Meditación de pie") es necesario "estimularlas" y, posteriormente, establecer un sentimiento. La "meditación de pie" y los movimientos lentos del estilo shili corresponden a este principio.

Un ejemplo interesante que está relacionado con las intervenciones es el de la secta de la "ciencióloga" con gente traumatizada por accidentes. Los cienciólogos se turnan para masajear durante horas para "devolver vida" a las extremidades que no funcionan como consecuencia de estos choques psicológicos. Este es un despertar "pasivo" a través de la manipulación. Lo que nos interesa es un despertar activo mediante trabajo interno.

Es característico de una mano ejercitarse diariamente. En nuestra especie, la mano nos distingue (como los simios) y es lo que ha permitido nuestra evolución (junto con nuestro neocórtex, por supuesto). Por consiguiente, es el área más sensible a nivel táctil.

Las manos están, por consiguiente, más "despiertas" (con reserva en cuanto al entumecimiento perceptivo del hombre). Lo mismo debería ocurrir para los pies, debido a su constante contacto con el suelo, pero llevar zapatos ha disminuido, más o menos, su sensibilidad.

Recuerdo cuando fui invitado a un seminario de Sensei Noro, discípulo de Ueshiba. Masamishi Noro pidió a todos los participantes que masajearan los pies de su compañero, lo que me sorprendió en el momento. Algunos incluso reían, ¿quizás por error?

Mi antiguo Maestro de artes internas tenía la costumbre de mirar al lado interno del brazo para indicar la progresión de la permeabilidad; la "piel de bebé" equivale a progresar. Cabe decir que, a pesar de lo dicho previamente, es aún necesario estimular las manos durante los primeros años de práctica. Deben ponerse en tensión usando los dedos, como si estuvieran sosteniendo una pelota muy grande, lo que les fuerza a abrirse. Esto debe hacerse durante la "meditación de pie" y los "movimientos lentos". Otro dato importante es que las puntas de los dedos son particularmente sensibles. Los pies deben ser estimulados de la misma forma. Todo hecho sin la contracción de los músculos, lo que solo conducirá a una pérdida de atención.

4. La transmisión del conocimiento

Actualmente, la transmisión ocurre tanto de manera regular (en asociaciones) como ocasional (durante seminarios) y está abierta para todo el mundo. El miembro paga la tarifa y depende de los entrenamientos grupales para evolucionar en la práctica elegida, lo que es la consecuencia del marketing de las artes marciales como un "producto". Pero, ¿cómo se hizo tradicionalmente? En todas las tradiciones auténticas, la transmisión se hacía oralmente y de una manera discreta "separando la paja del grano". A menudo se dice que debe hacerse de una manera "íntima". Siempre es importante entender el significado de los símbolos utilizados y, para hacer eso, es importante preguntar las preguntas correctas. Primero y lo más importante, ¿por qué se hace la transmisión oralmente? Cuando se escribe, una palabra se ve limitada a su significado habitual. Sin embargo, en algunos casos, es necesario hacer referencia a su etimología. Pero, esto es insuficiente porque los contextos social, histórico y emocional pueden variar su significado. También, cuando hablamos de una "imagen", todos aquellos que han trabajado con el símbolo saben que su significado se vuelve múltiple, incluso infinito, dependiendo del nivel de comprensión del iniciado.

Este es la razón por la que el título de este ensayo es "Guía". Su objetivo es indicar una dirección.

Ahora estamos en la etapa donde el nivel de complejidad es tan alto que sólo aquellos que han experimentado el fenómeno descrito pueden entender el significado del texto en cuestión. La transmisión oral, por otro lado, permite al iniciador (si una razón importante le obliga a ello) llevar los elementos útiles al receptor de manera "viva". Es decir, no por medio de un método práctico o teórico, sino utilizando principalmente todos los elementos de los sentidos conocidos (sensoriales) y los desconocidos (suprasensoriales).

¿Cómo podría esta relación sensitiva existir si no hubiera una simbiosis entre dos criaturas vivas que se comunican, especialmente cuando parte de la experiencia propia debe servir como hilo conductor a la otra? Un ingrediente fundamental de esta relación y que es importante recordar que Albert Schweitzer consideró como la cualidad más esencial en una búsqueda espiritual es: la sinceridad. Permite poner de lado cualquier obstáculo relacional, cualquier bloqueo hacia el "otro". Es así tanto para el receptor, quien debe "abrir" su receptividad, como para el iniciador, quien debe "abrir" su corazón donde reside su experiencia, su consciencia. La confianza en el otro debe ser absoluta, al igual que en una relación de pareja. Esto explica la lealtad que debe unir a los dos seres, como una ventana frágil que puede romperse si alguien la golpea demasiado fuerte. Y, si esto pasa, la apariencia de transparencia estará aún presente, pero realmente no volverá a existir nunca más, una vez rota la confianza. Todas las escuelas tradicionales respetan el principio del secreto y de la lealtad. En nuestra sociedad consumidora esto se ve, obviamente, utópico.

Meditación de pie

La meditación de pie: zhan zhuang, ritsu zen. ¿Cuál podría ser el propósito de una postura específica de pie?

¿Fortalecimiento físico? ¿Para desarrollar el arraigo como algunas revistas explican con dibujos bonitos? ¿`Para conectar como un puente entre cielo y tierra? ¿Para fortalecer los micromovimientos en las seis posibles direccione? ¿Para trabajar las pequeñas y grandes circulaciones de la energía como en todos los manuales de Qi Gong?

Observando un zhan zhuang se nos ocurren todas estas preguntas. Y, cabe decir que, según las diferentes tendencias existentes, todos ellos recibirán respuestas positivas. Lo que no será incorrecto y corresponderá a la dirección dada por cada práctica. Tendrán sus ventajas y sus desventajas, al igual que cualquier opción ofrecida.

Así que, deberíamos evitar cualquier comparación o polémica y mirar a otra faceta de este trabajo.

Lo primero y más importante, la parte más importante es mencionar el contenido del trabajo. El hecho de estar de pie sin moverse es una cosa que los mimos hacen perfectamente en la calle, durante horas y cuando se mueven, su densidad nos sorprende. Su control motor se consigue y uno podría pensar, lógicamente, que es superior a las demostraciones de expertos de las artes internas. ¿Podemos decir entonces que este control en todas direcciones es el objetivo de la "postura del árbol"?

La respuesta es: sí, para las artes marciales. Al menos parcialmente y, dependiendo del nivel de desarrollo personal, no es más que una consecuencia conseguida de una manera diferente, un camino cuyo objetivo principal es crear consciencia del Qi. Es esa *otra cosa* que tiene que ser encontrada.

Lo que sigue no es un razonamiento teórico cualquiera precediendo una práctica cualquiera, tampoco una síntesis de textos leídos, sino el fruto de la experiencia personal. Sin embargo, cabe señalar que nada en ella hubiera sido posible sin la herencia de la tradición recibida y sin la ayuda de amigos cercanos; Maestros en artes internas, un monje budista, un Maestro Yogi, un alquimista y heredero de las tradiciones occidentales.

Para empezar, un corto diálogo usando una alegoría ayudará a entender los orígenes del trabajo que deberá llevarse a cabo.

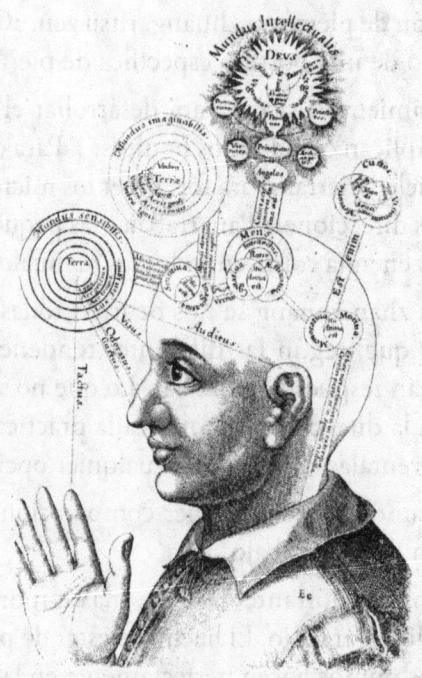

Robert Fludd, Utriusque cosmi maioris scilicet et minoris [...] historia, tomus II (1619), tractatus I, sectio I, liber X, De triplici animae in corpore visione.

Está lloviendo hoy. Un día relajado de descanso. Varias cosas para hacer, ocuparé mi tiempo con lectura y ocio. Para que todo sea perfecto, elijo una música de ambiente suave como acompañamiento de esta tregua. Mozart, mi favorito. Música del cielo que el receptor ha conseguido expresar en su partitura.

Las horas pasan lentamente, puntualizadas por las gotas de lluvia que golpean en mi ventana. La agradable monotonía de la ligereza de un momento suspendido en el tiempo.

¡Escucha! La música que adoro ha desaparecido de mi mente. Es suficiente con sumergirme en una actividad para olvidarme de ella. Si leo o pienso, la música deja de existir. Si mi percepción no se concentra

en ella, puede desaparecer.

Pero si esto es así en este ejemplo, ¿Ocurre esto también con otras cosas que dejo de sentir cuando mi sensibilidad está dormida, percepciones que desaparecen de mi consciencia?

¿Será ahí dónde se encuentra el mundo esotérico? Un mundo no oculto, pero simplemente olvidado. Olvidado porque nuestro campo de consciencia se ha atrofiado, limitado, sin permitirnos oír lo inaudible, para ver lo invisible, para tocar lo inexistente, para oler lo que no tiene olor, para probar lo que no tiene sabor. Sin embargo, intuitivamente, siento una profunda llamada interna que me dice que "eso" existe. ¿El qué exactamente? No lo sé. Por lo menos, soy sincero y no respondo con estereotipos leídos y escuchados miles de veces, a menudo expresados por gente que solo repiten algo que nunca han experimentado, como siempre.

¿Cuentos de hada o realidad?

¿Qué hacer, a quién escuchar, a quién creer, en qué confiar, mi instinto o mi razón?

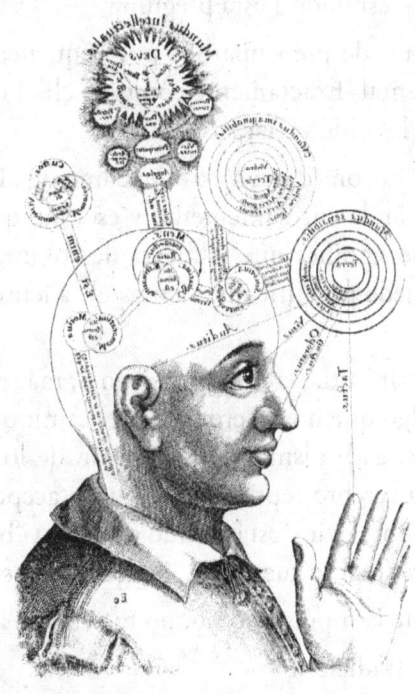

Si eres un lego en temas del Qi, el diálogo íntimo corresponde al estado de la sensibilidad perceptual que tienes del "aliento" en tu interior. Su presencia existe, pero no lo sientes.

¡Se podría decir que es una ilusión! Sin embargo, es real. He tenido estudiantes (practicantes de artes marciales externas durante un largo periodo) con un contexto científico, doctores e ingenieros, que tuvieron esta duda. Lo que es en realidad un comportamiento apropiado como consecuencia de evitar cualquier creencia en lo milagroso y cualquier percepción subjetiva. Estos estudiantes, como les enseñó su educación, esperaron al resultado sin ninguna preconcepción, al igual que en cualquier estudio de campo experimental. Y, por lo tanto, a pesar de sus dudas, descubrieron que la percepción del Qi es un hecho concreto. Pero les costó años de perseverancia. La falta de paciencia a menudo dificulta la posibilidad de reeducar la percepción sensitiva.

Así que, permítenos concentrarnos en la música que ha desaparecido de nuestra consciencia.

La pregunta obvia que se nos ocurre es: "¿Cómo despertar esta sensibilidad?"

Zhan zhuang responde a esta pregunta.

Debemos parar de preocuparnos por pequeñeces, tanto a nivel físico como mental. Exactamente como en chan o zen donde a los practicantes se les pide vaciar sus mentes.

Es un principio bonito, pero extremadamente difícil, con nuestro cerebro especulando incesantemente y eso, aunque decidamos no hacerlo. Lo que significa que la fuerza de voluntad es inútil aquí. Además, no puede permitir que sientas el "aliento". Así que, ¡deja de usarlo!

Debes "engañar" a tu cerebro profundo o, más precisamente, hacerle aceptar algo que no quiere: ir por el camino donde la noción de la individualidad misma, de separación de lo que te rodea, se cuestiona. Y tu cerebro reptiliano no puede aceptar esta hipótesis. Su función es sobrevivir y estás yendo donde tu "burbuja de individualidad" perceptual se cuestiona. Así que, hace su trabajo.

Pero, se acepte la hipótesis o no, no te ayudará a avanzar.

¿Qué dice la Tradición?

Primer paso

Ponerse en la posición específica, la conocida como "árbol" o "poste".

- Pies paralelos o casi, muy poca tensión
- Piernas ligeramente dobladas
- Pelvis suspendida, sin inclinarse ni hacia delante ni hacia atrás (curvatura lumbar)
- Estómago relajado
- Espira recta, extendida
- Hombros relajados, bajo
- Manos abiertas, dedos extendidos y tensos, el dedo del medio saliente, las muñecas dobladas. Palmas en dirección al cuerpo al nivel del pecho.
- Brazos doblados, codos "cayendo naturalmente", como sosteniendo una pelota contra tu pecho con su presión interna forzándote a sostenerla de la otra manera también
- Espalda doblada siguiendo la curva definida por los brazos, con el pecho relajado y ligeramente cóncavo (curvatura esternón/hombros)

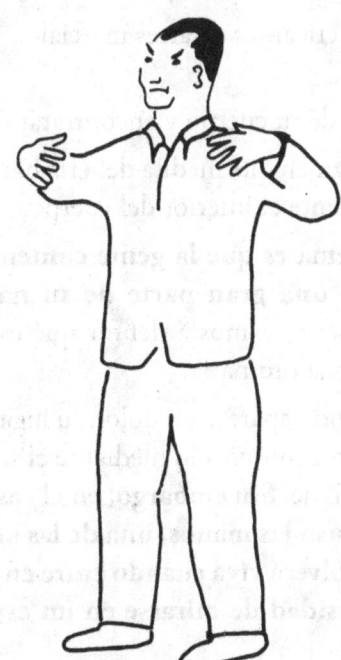

- Cabeza recta, alineada con la espina, barbilla ligeramente metida hacia dentro, boca ligeramente abierta.

Es necesario hacer la postura viva. No debería estar congelada y sin vida. Debes sentir como si estuvieras suspendido en un hilo atado a la corona de tu cabeza. **"El cuerpo completo es como la hierba en primavera, temblorosa, rozada por una influencia, animada por algo desconocido"**.

Lo anterior concierne la actitud corpórea. Sin embargo, sin el trabajo del Yi, las líneas previas no serían nada más que una teoría bonita y tristemente un poco vacía.

La primera cosa que hay que hacer es V.I.T.R.I.O.L. Este principio no es parte de la tradición china, pero lo estoy usando a propósito. Todas las tradiciones comparten la misma esencia y abandonando "la iglesia de uno mismo" se evita cualquier visión estricta o exotismo barato.

Así que, "V.I.T.R.I.O.L (*Visita Interiora Terrae Rectificando Invenies Occultum Lapidem* es una fórmula alquímica universal[1]. Su significado es:

"Visita el interior de la tierra y mediante la rectificación encontrarás la piedra oculta."

Para nosotros, practicantes de artes marciales, podemos interpretarlo como:

"Visita el interior de tu cuerpo y encontrarás el Aliento oculto."

Y esto es lo que alguien que medita debería hacer en primer lugar. Visitar conscientemente el interior del cuerpo.

El primer problema es que la gente contemporánea es aséptica y ha perdido una gran parte de su naturaleza animal. ¿Impresionante? Bueno, vamos a definir qué es la percepción del cuerpo para la persona ordinaria.

Por supuesto, cuando aparece un dolor, su lugar será indicado a la mente a través de un comunicado mediante el sistema nervioso. Es igual durante un masaje. **Sin embargo, en el caso contrario, todo está dormido. Incluso las manos, una de las áreas más sensibles de la piel, solo se volverá viva cuando entre en contacto con una superficie. La necesidad de mirarse en un espejo y verificar la**

---

[1] De Paracelsus, alquimista del Renacimiento.

postura, los gestos, como se recomienda en las artes marciales, es el resultado de este estado natural – por el contrario, en las artes internas, "es el estado de mente correcto" el que debe aplicarse para que "tu espíritu se convierta en una sustancia y que la sustancia se convierta en tu forma".

La solución sería utilizar tu Yi, pero en esta etapa, este "sentido" no se puede utilizar aún. **La tradición ha encontrado como solución estimular al cuerpo físicamente, para que el cerebro pueda recibir información sobre la "presencia" del área afectada.** Los distintos zhan zhuang tienen como función despertar diferentes partes del cuerpo. Esta es la razón por la que los miembros, las extremidades, la espina, la pelvis, están sujetas a una tensión isométrica muy ligera. Para establecer un paralelismo, al igual que un doctor puede verificar con un molinete que un miembro está conectado con el sistema nervioso, la persona que medita puede volverse consciente de las diferentes partes del cuerpo mediante la aplicación de una leve tensión en ellas.

Por consiguiente, lo primero y más importante, es necesario estar mentalmente presente y visitar conscientemente el cuerpo como si estuviera vacío: manos, brazos, torso, caderas, piernas y pies. Y después, conectarlas perceptualmente si es posible.

Este es el primer paso y es importante. Una gran ventaja, esta "visita" te ayudará a evitar la especulación en algunos temas que tu inconsciencia te está forzando a hacer. Tu mente estará ocupada.

Además, para mejorar las percepciones mencionadas, es necesario mejorar tu "Jingshen". Esta noción se discute en esta guía, pero por el momento debería limitar este principio a tu vitalidad. Mejorar tu afluencia mental a través de una "imagen sensible/delicada" que tu prefieras, positiva, por supuesto. Una imagen que ya hayas vivido, como una puesta de sol magnífica o el nacimiento de tu hijo; en resumen, todo lo que puede exaltarte sin agitarte. La agitación presenta una "frecuencia" mental que se opone a la percepción; por el contario, extiende el tiempo, olvídalo, sé consciente. Después mantén este estado, pero deja que la imagen que has "creado" se vaya.

Durante un largo tiempo, el siguiente *trabajo preliminar* debe realizarse antes de cualquier zhan zhuang. Está dirigido para aquellos que "no sienten mucho" (la mayoría). Realizar micromovimientos en su integridad, sin demasiada tensión, lo que despertará tu percepción. Estos micromovimientos deben hacerse con una intención fuerte, o inducción, pero con un músculo débil "respuesta", como se aconseja en esta etapa "probando la fuerza", por lo tanto, en su integridad.

Un punto importante que se olvida a menudo es que es necesario practicar en frente de algo. La mayoría de las veces delante de una pared, pero puede ser un árbol o cualquier otro "referente". Ponte a dos o tres metros, máximo. El efecto deseado, que varía con el nivel de progreso, consiste en concentrar el Yi en uno mismo, **para evitar "extenderse" mentalmente.**

Leonardo da Vinci dijo sobre este tema que la mente se estaba perdiendo en las enormes habitaciones de los castillos. No es sorprendente descubrir que los monjes contemplativos se retiran en celdas, en parte por esta necesidad. Pero, la razón real no tiene importancia, es necesario confiar en la Tradición. La experiencia confirmará esta afirmación con el tiempo.

Con el paso del tiempo, la mejora del Yi, la elevación del Jingshen, el comienzo de ser consciente de la sustancia, aparece una determinada presión:

- Comienza en las manos;
- Después de un tiempo en los brazos;
- Más tarde, en el pecho;
- Y, por último, en las piernas y progresivamente en los pies.

El sentimiento es el mismo que el del hombre Michelin, inflado con aire. Esta presión es la primera percepción de la "sustancia", el aliento, el Qi. Es importante no anticipar nada. Tu inconsciencia que no quiere seguir tu camino y tu posible falta de gusto por el esfuerzo harán aparecer algunas sensaciones, un despliegue de ilusiones, un inconveniente obvio.

Así que, practica, y si la percepción aparece, acéptala, pero no le prestes atención. No solo limitará tu futura progresión, sabiendo que prestar atención a una percepción o a un punto específico del cuerpo reduce la evolución posible al límite que ha sido definido. Es un problema de **la solidificación del Yi.**

Por esta razón, incluso la noción de "Dantian" en chino, o "hara tandent" en japonés, este centro energético sobre el que tanto se obsesionan los practicantes de artes marciales, no debería convertirse en una fijación en tu mente. Es un error común mencionado en abundancia en numerosos trabajos. El centro existe, así como otros, pero se despierta de forma natural mediante el seguimiento de la evolución natural.

La Tradición es clara, no hay que anticipar nada, no hay que atar la mente a nada, el Yi y el Jingshen son suficiente. Se nos anima a que nos dejemos llevar.

Segundo paso

Si has seguido el consejo anterior, empezarás a sentir una presión, en mayor o menor medida, dentro de tu cuerpo.

El siguiente paso precede al trabajo más importante. Consiste en continuar el mismo trabajo, pero en la posición llamada "santi shi". Una postura más "marcial", de combate.

- Una pierna en frente de la otra.
- La pierna trasera muy ligeramente doblado unos 30º en relación a la delantera;
- Caderas ligeramente inclinadas hacia adelante, preparadas para inclinarse hacia atrás, tensas pero flexibles (curvatura lumbar);
- Pie delantero a casi un metro del trasero y centrado en él, alón a unos milímetros por encima del suelo, preparado para avanzar, pierna ligeramente doblada;
- La distribución del peso corporal, 70% en la pierna trasera y 30% en la delantera;
- Torso, tres cuartos;
- Brazo delantero inclinado hacia delante, brazo trasero inclinado hacia el pecho, palmas en dirección de cara al pecho con los dedos tensado como se ha descrito previamente. Los codos bajos.

Y siempre:

- La espalda doblada siguiendo la curva definida por los brazos, con el pecho relajado y ligeramente cóncavo (curvatura esternón/hombros);

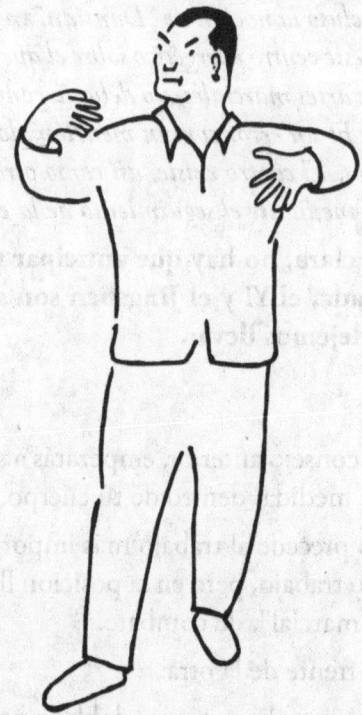

- Cabeza recta y en la línea de la espina, la barbilla ligeramente hacia adentro, boca ligeramente abierta;

Como se puede observar en los dos ejemplos, las manos están de cara al cuerpo. Las manos, los primeros receptores del "aliento", son también emisores (ver "Emisores").

Colocando tus palmas de cara a ti, al igual que hacen los imanes, aumenta la presencia y la consciencia de la sustancia que está en tu interior. Dado el nivel de tu Yi en este paso, es demasiado pronto para dirigirlos al exterior.

Como un experto en taiji dijo, mal informado sobre los pasos siguientes de la práctica y criticando el zhan zhuang de dacheng chuan y yi quan: dirigir las palmas al exterior durante un largo periodo de tiempo vacía a la persona que está meditando de sustancia. Pero se olvidó de un "detalle" importante. Seré más explícito en los siguientes pasos.

Siempre estás frente a una pared o a un árbol, a dos o tres metros. Tu Yi te permite ser consciente de todo tu cuerpo. Ojos en la pared o el árbol.

Tercer paso

¡Por fin! La presencia de la "sustancia" se manifiesta en ti. Desgraciadamente, aún no lo hace permanentemente en tu *día a día*, sino que solo lo hace cuando realizas zhan zhuang o "movimientos lentos con Yi". Eres consciente de la sustancia, más o menos dependiendo del área, y varía en densidad dependiendo del día. Esto es normal, porque, antes de alcanzar un cierto nivel, viene, va, vuelve y un día se queda. Cada evolución sigue este principio. ¡No eres tú quien decide!

En este paso es posible dar el siguiente paso, el cual consiste en conectarte con el objeto. Esto el trabajo interno/externo fundamental de la práctica de artes marciales internas (que, por cierto, pueden encontrarse en todas las tradiciones esotéricas del mundo). Las tradiciones da cheng establecen que: "Si solo buscas adentro, no encontrarás. Si solo buscas afuera, tampoco encontrarás".

Entonces, ¿qué hay que hacer? Debemos mantenernos pragmáticos. No es necesario volver a leer textos explicando cómo convertirse en "Uno" meditando.

Además, desde la experiencia, convertirse en Uno puede no considerarse un "logro", sino una disolución de uno mismo, desaparecer individualmente, para un día "morir estando vivo". Esto es el estado de "Fana" que buscan los sufíes. Pero aún no hemos llegado ahí.

Concretamente;

En mayor o menor medida, percibes en tu interior una "sustancia" que te transporta y que interconecta tu cuerpo. Esta "materia" no es una ilusión, porque puedes demostrárte *a ti mismo,* con un compañero, que usándola te permite superar tus propias habilidades. A este punto, es útil cambiar a otro zhan zhuang, con una inducción dirigida al exterior.

- La primera aconsejada es "sosteniendo al bebé", es decir:
- Una pierna en frente de la otra;
- La pierna trasera ligeramente inclinada unos 30° en relación a la otra;
- Las caderas ligeramente inclinadas hacia delante, preparadas para inclinarse hacia atrás, tensas pero flexibles (curvatura lumbar);
- Pie delantero a aproximadamente un metro del trasero y cen-

trado al mismo, tacón unos milímetros por encima del suelo, preparado para avanzar, pierna ligeramente inclinada;

- La distribución del peso corporal ha de ser, 70% en la pierna trasera y 30% en la delantera;
- El torso, tres cuartos;
- Brazo frontal inclinado hacia delante 60º aproximadamente, mano abierta y perpendicular al suelo, dedos extendidos y tensados hacia el "objeto" (referente) el pulgar centrado en la cara, como una "mira".
- El brazo trasero posicionado de la misma manera, distanciado de una mano tanto al lado como detrás, los dedos de igual forma, la palma de cara al otro brazo;
- Los codos caídos de manera natural.

Y siempre:

- La espalda doblada siguiendo la curva definida por los brazos, con el pecho relajado y ligeramente cóncavo (curvatura esternón/hombros).
- Cabeza recta, alineada con la espina, barbilla adentro, boca ligeramente abierta.

Pero lo más importante en esta posición es extender la "sustancia" en tu interior hacia el objetivo (referente). Como puedes ver, aquí es donde el camino se bifurca. Algunos optarán por una relación tendinosa, como si hubiera cables en las puntas de los dedos (sin embargo, en el "trabajo con el sonido" ningún sale fuera. Sin embargo, esta "idea de los cables" es parecido al Yi.

Es necesario sentir la separación entre tú y el objeto como una parte integral de tu individualidad. Esto no debe pasar al nivel de tu imaginación, pero basado en la "consciencia de la sustancia" que extiendes.

Obviamente, solo el tiempo dará la respuesta.

Esta extensión de la consciencia dirigida al "objeto" se hace por medio del Yi. Está conectada a la sustancia o Qi.

También debes exaltar, sin agitación, tu estado mental usando el Jingshen.

Pero todo este trabajo debe hacerse, como el nombre de este zhan zhuang sugiere, con sutileza. Como si estuvieras sosteniendo un bebé. Un gran programa.

Sin embargo, esto se extiende al Qi:
- **No debería hacerte perder la "sustancia" en tu interior, tu densidad;**
- **Y con este objetivo, debería expandirte o vaciar tu "sustancia" como una jarra derramada.**

Cuarto paso

Este paso es más marcial.

Según el trabajo de "guiar el aliento" (ver abajo) se debe comprobar la densidad conseguida en algunos movimientos practicados. Lo que es más importante, debes tomar nota de debilidades potenciales y de interconexiones ausentes específicas de ciertos movimientos realizados con la totalidad del cuerpo. Es útil practicar el zhan zhuang que corresponde a este objetivo.

Algunos ejemplos:
- Para "trabajar la fuerza": de arriba abajo, detrás/frente, cortando (con la totalidad del cuerpo, por supuesto).

Zhan zhuang: "relámpago descendiendo del cielo"

- Para "cultivar la fuerza": de abajo hacia arriba, adelante / atrás, cortando - integridad del cuerpo, por supuesto.

Zhan zhuang: "separando las nubes"

- Para "trabajar la fuerza": frente/detrás, machacando; y reforzar la parte inferior del cuerpo (potencialmente, en el caso de "sobrepresión" en la parte superior del cuerpo, esta posición es útil para "conectar con la tierra".

Zhan zhuang: "adiestrando al tigre"

Todos estos zhan zhuang requieren el sabio consejo de un maestro, obviamente.

Muchos otros existen.

Quinto paso

A través de un trabajo y una paciencia "correctos", la "sustancia" se ha convertido más fluida. La permeabilidad del cuerpo permite que el practicante extienda la "sustancia" hacia el "objeto". En esta avanzada etapa de la práctica, todo se une y solo la esencia del trabajo es importante.

El practicante se da cuenta de que todos los zhan zhuang son idénticos, desde el más simple hasta el más sofisticado. Entonces elige uno que le corresponde y le permite "encontrase a sí mismo".

De la misma manera, algunos movimientos ofrecen la posibilidad de trabajar el "aliento", de igual manera con zhan zhuang, por una hora o más. La consciencia no solo se lleva solo al movimiento en sí, sino que se lleva a todo el cuerpo "en relación" con el exterior.

Este es el caso de:

Mocabu – paso de "fricción" – de dacheng

Tang ni bu – paso de andar por el barro – de Bagua

Sexto paso

El aliento es permanente, la permeabilidad se vuelve en un estado permanente.

Notas

- Con la noción de fuerza en mi texto, me refiero, por supuesto, a las luces isométricas y a permitir que la sustancia rellene el cuerpo y conecte a ambos juntos. **El todo debe ser como "un sistema hidráulico", lo que conecta al cuerpo entero. Es entonces, cuando con el tiempo, uno se vuelve** más sensible, para convertirse **en "neumático", lo que permite extender este pneuma hacia el objeto.**
- **El estado neumático es el que permite la creación de la permeabilidad perceptiva del cuerpo y el aumento de emisión y recepción del aliento.** Esto requiere un trabajo muy sutil y, por consiguiente, una mentalidad acorde. Trabajar "como un robot" no es apropiado, sino un error común.
- Para los que están interesados, este tipo de trabajo está relacio-

nado con el Camino Taoísta: **"Perfeccionar el Jing en Qi, el Qi en Shen, para después ir hacia el Tao".** Lo que yo traduciría como: **"Perfeccionar la esencia vital para dar vida al aliento, perfeccionar el aliento en consciencia, para después ir de lo individual a la consciencia indivisible del Universo".** Un largo camino.

Para concluir este capítulo:

Es necesario insistir en el hecho de que la meditación de pie no debe ser un *método de rutina.* No es un *entrenamiento.* **Debe vivirse al completo, cada momento, con el Yi y el Jingshen avivándolo.**

Guiando al aliento en el movimiento

"Has estado haciendo zhan zhuang todos los días, al menos una hora, durante los últimos tres años. También espero que periódicamente, durante los días libres, hayas estado trabajando la postura durante tres horas. ¡Muy bien! ¡La siguiente etapa puede empezar!"

Este diálogo imaginario es lo que los practicantes experimentados deberían haber escuchado. Pero esto no se aleja mucho de la realidad; recuerdo que en el jardín de una de esas casas pequeñas de ladrillo en Pekín un chico joven se puso a mi lado. Vino sin hacer ningún ruido e hizo la "postura del árbol". Estaba sufriendo por la falta de movimiento y de vez en cuando se arrodillaba y empezaba de nuevo. Sin quejas ni tampoco apoyo de su Maestro. Después se fue, una hora más tarde, de la misma manera que llegó, discretamente. Una buena lección para el adulto que yo era.

Hoy en día, la cultura es diferente y esta forma de ascetismo ha desaparecido, pero estate tranquilo, se puede progresar siempre y cuando se respete lo siguiente: no esperar durante tres años, pero sí practicar en paralelo de una manera dinámica, con una coherencia clara en los principios aplicados. Aquí es, en mi opinión, donde se encuentra el problema a día de hoy.

A continuación:

Una vez la consciencia del Qi de uno mismo se ha conseguido, en mayor o menor medida, gracias al trabajo regular de zhan zhuang, se vuelve necesario ser capaz de usar esta "sustancia" en el movimiento (sin interrumpir la práctica diaria de zhan zhuang o ritsu zen).

Sin embargo, para ser más precisos, se debería decir que el objetivo más bien que el objetivo es que **"la sustancia, el Qi, tome vida y se convierta en uno junto con el Yi"**. Sin embargo, para llegar a este ideal, es necesario utilizar herramientas apropiadas para lograrlo.

La primera es "guiar al aliento".

Permítenos utilizar el ejemplo del "shili" en dacheng quan.

Shili significa "poner a prueba la fuerza". Este es el trabajo básico que hay que realizar cada día, en combinación con el zhan zhuang.

Un principio idéntico se encuentra en las siguientes artes:

- El taolu en taiji;
- Las diferentes formas lentas de hsing i, wing tsun, bagua;
- El "ki no nagare" y algunos *ejercicios preparatorios* en aikido;
- El aliento kata en karate goju ryu o uechi ryu.

Solo cambios de forma (el recipiente), el trabajo de base se mantiene idéntico (el contenido).

Lo que sorprendería al lector en esta lista son la respiración kata en karate, así como los *ejercicios* de aikido. Sin embargo, leer lo que viene a continuación servirá de ayuda a los practicantes de estas artes para hacer la conexión o para entender lo que se ha perdido.

En primer lugar, la teoría de los lingüistas amateurs declara que "Li" es una fuerza muscular "brutal", opuesta al "Jing" (o Jin), una fuerza sutil o "energía".

Esta definición podría ser graciosa para algunos por dos razones:

- Ya sea porque no creen en la noción de "Jing", que toda la fuerza sea fuerza muscular. Lo que no es del todo falso;
- O ya sea porque no tienen experiencia y lo saben. Antes de obtener en un día hipotético la conocida como fuerza "sutil" deben antes pasar por la fuerza física muscular. Lo que significa que es imposible conseguir el "Jing" sin haber trabajado, inicialmente y por un largo periodo de tiempo, con el "Li", aunque de una manera particular.

Las conocidas artes marciales modernas dividen a menudo la noción del "Jing" *(Jin)* en numerosas fuerzas distintas, llamadas:

- Wai Jing o *energía* externa;
- Nei Jing o *energía* interna;
- Tzeh Jing o *energía* prestada;
- Ting Jing o *energía* de escucha;
- Tzo Jing o *energía* próxima;
- Nian Jing o *energía* clavada;

- Hua Jing o *energía* transformativa;
- Ti Jing o *energía* de desarraigo;
- Chan Si Jing o *energía* espiral.

Sin embargo, como algunos expertos pueden nombrar más de treinta, pararé aquí, puesto que la lista solo creará complejidad poco útil para trabajar en la esencia en sí misma. Dicho de otra manera, en lo que concierne al Qi: "Aunque hay muchas variedades de Jing, todas son Jing."

La complejidad a menudo surge del intelecto y no del ámbito experiencial.

El "Jing o Jin", la fuerza sutil, solo puede obtenerse después de un trabajo muy largo, así que, empezar por el final solo creará una ilusión cómoda y lógicamente esto no llevaría a ningún sitio.

Uno podría preguntarse si el trabajo de qi gong (chi kung) no se corresponde, en algunos casos, a la ilusión de experimentar un Qi subjetivo.

Es necesario mencionar que siempre y cuando la "sustancia" no sea tangible a nivel del cuerpo (ver Qi, Ki) trabajar en una ilusión no producirá nada. El zhan zhuang, o ritsu zen es necesario para abrir la mente a la presencia del Qi, Ki. Esta práctica entonces sigue siendo útil, durante un largo periodo de tiempo, para aumentar la densidad de la "sustancia", la cual debe ser "palpable" y debe convertirse en utilizable con el tiempo. Pero, como he mencionado previamente, la paciencia es necesaria, lo que en este caso es un eufemismo...

Antes de abarcar esta posibilidad, cabe decir que algunas tradiciones eligen trabajar con el objetivo de conseguir resultados rápidos. La efectividad a corto o medio plazo puede ser una elección por una multitud de razones, u otros no tiene otra alternativa.

En este caso, lo que no se abarcará aquí, la noción de "lo que está dirigido hacia dentro" consiste en trabajar zhan zhuang en micromovimientos con tensión interna, es decir, movimientos con una amplitud muy débil, solo unos cuantos centímetros, incluso imperceptibles para el ojo desnudo, con un Yi correspondiendo a una intención gestual muy amplia. Arrestar el movimiento está conectado con el trabajo isométrico de los músculos y de los tendones, lo que está sujeto un estrés considerable (el Qi se excluye aquí).

Se ofrecen dos opciones:

- Ya sea una tensión corta seguida de una relajación,
- O una tensión mantenida con vibraciones empezando desde la espina.

Algunos también desarrollarán la teoría de lo conocido como músculos "profundos".

La progresión en este tipo de shili consiste en continuar el trabajo muscular y tendinoso complementado con los principios de la totalidad del cuerpo y la "no apertura". Existen diferentes tipos de shili. Cada shili trabaja las cadenas musculares sobre todo en direcciones específicas (sin embargo, cabe decir que el "condicionamiento físico recibido" no se cuestiona es este tipo de práctica.

Hay muchas similitudes con el trabajo en el Qi, sobre todo la sinergia de los segmentos del cuerpo y la intención/inducción muscular, que es de donde proviene la confusión de muchos practicantes. Los Maestros auténticos conocen la diferencia. El shili, en este caso, merece este nombre de "poner a prueba la fuerza".

El moderno aliento kata de gojuryu y uechiryu, comenzado por otras escuelas, usa el mismo principio físico, pero con una amplitud gestual más grande (el hecho de entrenar sin camiseta solo puede confirmar esta intención física, pero ¿ha sido siempre este el caso?)

Permítenos volver a guiar el aliento en el movimiento.

El "shili" es, por consiguiente, trabajar el movimiento, cuyo objetivo es:

- **A corto plazo, ganar consciencia de la "sustancia", complementando el zhan zhuang,**
- **A largo plazo, transformar la "sustancia" de sólido a líquido,**
- **Después, en un plazo más largo, hacerlo gaseoso si el trabajo y las herramientas se conocen y se entienden.**
- **Todo mientras se consigue usar esta "sustancia" en el movimiento,**
- **Así que, al final, cada movimiento es inspiración y expiración del "aliento".**

Pero, este trabajo es también útil, incluso necesario, para aprender cómo hay que usar el cuerpo en su totalidad (la conexión del cuerpo, con el tiempo, debería convertirse en algo natural, es decir, kung fu. Esta integridad es lo que se ha descrito previamente: **"Cuando una parte del cuerpo se mueve, el cuerpo debe moverse." Cada acción debe entonces combinar un conjunto de Fuerzas en sinergia permitiendo a la masa del cuerpo actuar como un todo** (el zheng ti) estando la efectividad de la práctica de las artes marciales internas relacionada con este principio.

Estas fuerzas pueden ser detalladas de la siguiente manera:

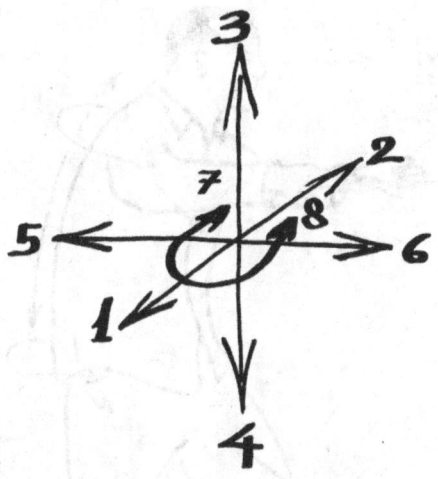

- 1-2: fuerza frontal/trasera (o a la inversa);
- 3-4: fuerza alta/baja (o a la inversa);
- 5-6: fuerza derecha/izquierda (o a la inversa);
- Así que, 6 direcciones (ver "Meditación de pie").

Pero el diagrama estaría incompleto si no incluyera rotación, 7-8, permitiendo crear el "momentum" útil. Y, como he mencionado, todo debería hacerse en "sinergia", es decir, **al mismo tiempo y sin discontinuidad en el conjunto de movimientos que hay que interpretar.**

Esto debería ser igual para el taiji, dacheng, dacheng, yi quan, bagua, xing yi, aikido y, según la antigua Tradición, también para el aliento kata de karate do, entre otros.

Es mejor que uno entienda el porqué detrás de la lentitud...

Como siempre, permítenos tomar un ejemplo concreto: **una acción de empujar hacia delante, con el cuerpo hacia delante.**

Dependiendo del arte marcial elegido, algunos elementos pueden variar o no existir.

- Un impulso con la pierna trasera, de atrás hacia delante.
- El cuerpo se mueve hacia abajo en esta acción.
- El cuerpo se mueve hacia un lado.
- Las caderas rotan hacia el lado relevante.

Todo en sinergia.

Para esto, para ser exhaustivo, es necesario añadir:

- El rol del pie trasero;
- El rol de la pierna frontal;
- Girar la pelvis hacia atrás (y curvatura lumbar);
- La acción de la espina, estirándose y la curvatura dorsal (algunas tradiciones optan por una extensión vertical);
- La acción de hundir le pecho (curvatura esternón/hombros);
- La acción de los brazos como resortes.

Si el cuerpo se va hacia atrás:

- Hay que empujar hacia adelante;

- Un impulso con la pierna frontal, del frente hacia atrás;
- El cuerpo va hacia arriba en esta acción;
- El cuerpo se mueve hacia el lado;

Con la rotación de la cadera hacia el lado relevante.

A esto se debe añadir el rol de la pierna frontal, la inclinación de las caderas, la posición de la espina y la cabeza, al igual que la del pecho y los brazos.

"Pero, ¿cómo puede alguien empujar en ese último caso?" se podrían preguntar algunos lectores. Bueno, la inercia de la masa del cuerpo y la resistencia de la sinergia desarrollada debe usarse, y, al contrario, la acción de la parte superior del cuerpo. Para sentir algo con este ejercicio, hay que intentar esto contra una pared o pedir consejo a un maestro.

Sin embargo, este es un principio básico, o al menos incompleto. Es necesario asociar un sentimiento de densidad al movimiento lento, a pesar de que debe hacerse con calma. Sin esta densidad, tu movimiento está vacío.

No deberíamos volver a la fuerte tensión que ya hemos excluido. Algunos, para imitar la densidad de los Maestros de las artes internas, usan esta tensión con algún éxito visual. Como es el caso de los mimos, por cierto, con una obvia calidad demostrable. **Pero, "imitar no es practicar".**

La densidad debe conseguirse de una manera "sutil", usando el Yi.

Uno de los métodos más conocidos es "la imaginación perceptiva". Por ejemplo, "andar por el barro" o "en el agua", "luchar contra el viento" o "empujar una pieza de madera flotante" etc. (el elemento principal que hay que retener al nivel de estas imágenes es la noción de percepción permanente del cuerpo, o "percepción interna", a través del movimiento. La última imagen enfatiza la "sutileza" del trabajo que hay que llevar a cabo. De hecho, si empujas demasiado rápido o demasiado lejos, la pieza de madera escapará, demasiado fuerte y pasará por encima de tus manos. La dificultad es asociarle un Yi que vaya más allá, unos metros más allá. Así que, requiere experiencia.

Pero, de manera constante, con zhan zhuang:

- **Es bastante recomendable trabajar de cara a un árbol o a** cualquier otro "objeto" (para la "percepción externa": **pared, columna etc., aproximadamente a tres metros**) así como evitar perder tu Yi (ver zhan zhuang);

- Tampoco hay que olvidar el papel del Yi que continúa siendo esencial. Debes **conectarte con el "objeto" y "traerlo a tu movimiento",** usando la totalidad interconectada de tu cuerpo. La presencia del objeto y la "subjetividad de masa percibida" te permitirán **"despertar tu consciencia de movimiento"** (ver zhan zhuang)

Se podría cuestionar si en taiji, hsing i, aikido, sin la presencia de un "objeto" real (una pared o un árbol frente al "principiante"), es posible ser consciente de la "sustancia" dentro del cuerpo y lo guía adentro y afuera. Para un experto, esta "presencia" es natural en un "perímetro" de tres metros.

Con tiempo y práctica, la consciencia de la "sustancia" será eficaz. Esta "sustancia" ofrecerá al practicante toda la densidad útil que necesite y el Yi será capaz de guiarlo al interior y al exterior del cuerpo.

Un "pequeño" pero importante detalle sobre el progreso.

"Todo" se vuelve natural y cualquier esfuerzo para obtener algo se convierte inútil:

- Cuando la sustancia transporta al cuerpo, queriendo decir que es lo suficientemente densa como para ser capaz de hacerlo;
- Cuando el movimiento se hace a través de la consciente noción de sustancia, el Yi;
- Cuando la conexión con el objeto es real, gracias a la permeabilidad del cuerpo ante el Qi (sustancia);
- Cuando al "sustancia" también es consciente en el exterior.

Nota importante: dependiendo del progreso del practicante, hay toda una secuencia en el aprendizaje del Yi que debe respetarse ("relación con el objeto"). Esta progresión no forma parte del objetivo de este libro.

Pero todo esto sería "demasiado simple" si no fuera también necesario:

"Continuar el movimiento cuando debe parar y pararlo cuando debe continuar.[1]"

Esta oscura frase significa que no debería haber ninguna ruptura en la totalidad del cuerpo durante las series de movimientos o durante las repeticiones del mismo movimiento. Iba a escribir "entre movimientos", lo que habría sido un error, porque no hay "entre", es decir, no hay interrupción entre movimientos, **todo debe ser "uno"**.

- Esta noción debe respetarse **al principio** para que la falta de "apertura" física sea también mental (Yi). **La mente sigue al cuerpo para que un día el cuerpo pueda seguir a la mente** (el Yi y el Qi naturales "guían" al cuerpo).
- **Por último, "no movimiento = movimiento"**: manteniendo el Yi y el Jingshen, el practicante está como "**suspendido en el tiempo**" en un movimiento suspendido. Esta es una paradoja que a menudo no se entiende correctamente por aquellos que permanecen en lo "físico". Es un estado. **Cuerpo y mente son uno** (como un avanzado zhan zhuang).

Por ejemplo: los movimientos de adelante hacia atrás y de atrás hacia delante de "empujar y tirar" ("o enganchar y cortar") hechos en series sin interrupción. La dificultad será no marcar una ruptura

---

1 Tradición oral.

(una apertura) al "final de la moción", ya sea hacia delante o hacia atrás. Para conseguir esto, es útil que al "principio" te veas tus extremidades (y todos los segmentos se pongan a trabajar) como resortes. Estos "resortes" tampoco deben estar completamente aplastados, tampoco completamente relajados. Deben conservar su función de resortes en cada y todo momento. De ahí, cada resorte tiene una acción u otra (por ejemplo: pierna trasera/pierna frontal) las extremidades deben estar, por consiguiente, conectadas juntas. Esto debe ser así para todas las partes del cuerpo en uso.

Pero, aquí también, esto es insuficiente, porque la teoría de "no parar" (o "sin apertura") al final del movimiento es difícil de aplicar.

Recordatorio: una apertura es un "defecto en la presencia consciente", lo que permite al adversario entrar en tu movimiento. Pero, lo que es más importante, es un defecto en tu trabajo con el Yi.

Por un largo periodo de tiempo, la no apertura requiere un esfuerzo de concentración por parte del practicante para estar "aquí y ahora". Pero, cuando la sustancia está viva, el "aquí y ahora" es algo natural.

La única manera de encontrar la coordinación correcta entre tu Yi y el movimiento para que uno no permita que el otro cree una apertura mental. La frase: "Continua el movimiento cuando deba pararse y páralo cuando deba continuar" nos ofrece la solución. Busca y la encontrarás. Sin embargo, aquí dejo una pista: "no pierdas al objeto".

Todo esto puede resumirse con: **si haces "mil movimientos ininterrumpidos" de "empujar y tirar"** (o enganchar y cortar) por ejemplo, **debe sentirse y hacerse como un "único movimiento"**. Sin embargo, la paradoja por excelencia: **"cada movimiento debe ser único"**. Solo la experiencia clarificará eso.

A veces es útil tomar ejemplos de la "vida diaria", aunque el siguiente pertenece al pasado. Un aldeano cortando el césped con su guadaña es un movimiento natural, amplio y "corredizo", sin pausa, pero sin prisa, y su movimiento se hace sin apertura. A cada paso, la hierba se corta y no queda nada. Una guadaña puede ser peligrosa, así que la "presencia es, por lo tanto, necesaria", al igual que para ti es "probar la fuerza", es decir, en las artes marciales.

Además, para ser capaz de evolucionar en la práctica y acercarse en el futuro a la noción de juego de pies, es importante **que no haya una "postura" en tu práctica.**

¿Qué se quiere decir con "postura"?

En las artes marciales modernas, estas son las posiciones en las que los soportes no varían y permanecen estáticos. Por ejemplo, el mabu in taiji como se entiende a día de hoy, con la idea de enraizar en un estado de inmovilidad, o el kiba dachi en karate.

Este tipo de error se traduce a menudo como un "doble apoyo" y a veces como una "doble énfasis" (lo que son, definitivamente, malas traducciones).

Para abarcar esta noción al nivel de las sensaciones, es esencial percibir físicamente cada posición como fluctuante y como "intermediario hacia otra cosa". Esto está relacionado con el estado mental.

Por último, se debería enfatizar algo sobre los principios físicos: **la interrelación que debe ser creada entre las extremidades superiores, así como entre las inferiores y entonces, un día, entre todas ellas** (todo mientras permanece como un todo, por supuesto). Cuando actúas, las extremidades deben estar "conectadas" entre ellas, de una manera suave, como si la acción de una la sintiera la otra (con un poco de isométricas al principio). Entonces, progresivamente, sentir que la acción de una tiene un efecto real en la otra. Y, a partir de ahí, con práctica y trabajo, el movimiento de las extremidades inferiores será interactuar con las superiores, independientemente, pero en armonía. Una paradoja que solo puede entenderse a través de la práctica. Por supuesto, el objetivo es despertar la percepción (consciencia) de cada parte del cuerpo.

Más tarde, mientras el Qi se desarrolla, una interconexión "magnética" natural aparece (como la existente entre los polos de un imán). En las artes marciales, es obvio que la ambidestreza de las extremidades superiores e inferiores es altamente conveniente. En las artes marciales internas, la sinergia esencial debe añadirse.

Nota: Con respecto a la consciencia, este principio también tiene un impacto en la percepción espacial (esto está relacionado con los hemisferios cerebrales). Te recomendamos que consultes literatura especializada en este tema para más información.

Pero, lo más importante es, como siempre, entendiendo los principios usados, lo que te permitirá trabajar "correctamente". Sé que me estoy repitiendo, pero es por una buena causa, la tuya. **El objetivo** no es realizar movimientos atractivos que copien los de los "grandes maestros", sino más bien **abandonar un condicionamiento físico y mental.**

El clásico error es reproducir los pensamientos estereotipados de las tradiciones del Lejano oriente. Las cuales se han creado con el mismo objetivo que las de Occidente. Se basan en los límites de una persona común, discursiva y lógica, y su objetivo es aportar bases sociales útiles. Solo la herencia cultural difiere. Pero, porque el aspecto exótico es consistente con nuestro condicionamiento, pueden ser muy atractivas.

¿Qué es el condicionamiento?

Como cualquier mamífero que se precie, debemos "entrar en la manada". No desarrollaré otra vez la teoría del cerebro triuno. En su lugar, hablaré sobre la noción de "Fuerza". **La que usamos la mayoría del tiempo es el resultado de la voluntad y una respuesta muscular. Lógicamente, si queremos aumentar esta fuerza, es "suficiente" con aumentar nuestras capacidades musculares.** Los ejercicios gimnásticos y el fitness existen para esto. Toda nuestra infancia está basada en este tipo de aprendizaje. **Por lo tanto, estamos programados al nivel de la memoria profunda para responder a cualquier petición física a través de un patrón incalculable.**

Nuestra cultura occidental puede usarse como un ejemplo: un pecho inflado y un vientre plano para aquellos que hacen actividad física o que quieren gustar a la gente. Cosas a las que no deberías aferrarte en tu práctica de artes internas.

La mayoría de los deportes de lucha y artes marciales modernas están basadas en este principio, como los ejercicios de calentamiento han evidenciado precediendo cualquier entrenamiento (pasa lo mismo hoy en día en taiji, aikido y muchas otras artes marciales conocidas).

¿Somos conscientes de esto? ¡Por supuesto que no! Como mantener el equilibrio en una bicicleta, una vez se ha aprendido, se convierte en algo natural. Es igual para la noción del esfuerzo, lo que solo se puede solo a una respuesta muscular. Por cierto, esta es la razón por la que muchos rechazan aceptar cualquier teoría del Qi.

Aquellos que dudan que exista otra posibilidad deberían probar físicamente con una persona más pequeña o incluso delgada, pero que realmente tenga kung fu. Su densidad y habilidad solo pueden sorprenderlos, ya que la fuerza muscular no puede explicar el fenómeno por sí sola.

Por consiguiente, para encontrar el camino correcto hacia el uso de una "fuerza" diferente, es importante seguir la **reeducación de la Tradición.** La reeducación implica lentitud, sutileza y, especialmente, paciencia… Con esta finalidad, se deben utilizar "trucos" durante un largo tiempo, un término que podría resultar gracioso, pero que sin embargo es muy apto aquí. **Sin embargo, cabe decir que quien no debería ser "engañado" es "uno mismo".** Así que, la pregunta correcta que hay que hacerse aquí es: ¿cómo se puede escapar **de un condicionamiento?** (o, si lo deseas, un lavado de cerebro). O si no, ¿cómo recrear otro influenciando la memoria a largo plazo, así como **conseguiguiendo acceso al cerebro profundo?**

A día de hoy, sabemos que tenemos que:

- Actuar sobre las emociones;
- Pasar por condiciones difíciles: exhaustividad, falta de sueño, de comida, dicho de otra manera: sufrimiento y abstinencia;
- Aceptar repeticiones diarias extremas durante un largo periodo de tiempo;
- Evitar pensamientos reflexivos durante el trabajo.

Y bueno, la Tradición siempre ha sabido que:

- Lo emocional está conectado con el Jingshen, practicar en un ambiente de "compañerismo" o "bienestar" no funciona. La exaltación mediante comunión con lo que nos rodea, o mediante el uso de imágenes es necesario durante un largo periodo de tiempo. Después de esto, el "Jingshen" aparece;
- Las condiciones extremas son aquellas del largo zhan zhuang, donde el sufrimiento mental y físico está presente (en el "principio", es decir, durante un largo tiempo);
- Las "repeticiones" significan, al mismo tiempo, repetir el mismo movimiento durante un largo periodo de tiempo, repetir la práctica día tras día sin falta, manteniendo el Yi progresivamente y continuamente, y pasión por la práctica, por supuesto;
- El pensamiento reflexivo es excluido porque el Yi debe guiar el movimiento y esto requiere tu completa atención (al "principio", es decir, por un largo tiempo).

Esto es necesario, según los principios usados, para ser capaz de tocar el cerebro profundo. Sin embargo, también es insuficiente, de nuevo. Para "engañar" a tu condicionamiento, la "fuerza" que debe producirse (la cual es, de hecho, pequeña para no aplicarla toda durante un largo tiempo) consiste en generar una "intención fuerte" y en respuesta "una producción muscular débil", pero extremadamente "sensible". **El propósito es crear "una falta de producción", lo que nuestra inconsciencia intentará compensar usando "algo más",** la "sustancia" de la cual el adulto no es consciente.

Lo que no es el caso de un bebé, que desarrolla una fuerza sorprendente incluso sin volumen muscular. **Este bebé, eras** tú, de ahí la noción de reeducación.

Por último, lo que queda es **cantar el rezo de la lentitud** en esta reeducación. La fuerza usada debe ser percibida como larga, muy larga. Debes aprender a expandir el tiempo. ¿Cómo? **Normalmente, el individuo común la producirá en un movimiento con una intención hacia el objetivo** de su acción. **Será consciente del principio de la acción** (intención) **y su final** (objetivo). **Entre los dos, nada, una consciencia vacía,** con solo dos puntos de referencia: principio y final. Lo mismo pasa andando. En el ejército, el "uno, dos" es un buen ejemplo: ¡uno!¡dos! Cada paso se golpea en el suelo y entre los dos, consciencia vacía. Esto recuerda un poco a las artes marciales modernas: "¡ich!¡ni!" en Japón, "¡yi!¡er!" en China…

En cuanto a la noción de "vacío" en chan o budismo zen, o el "no pensamiento", cabe mencionar que el "aquí y ahora" buscado es coherente con el trabajo propuesto. El acceso a ella se concreta con la naturaleza de la "sustancia" utilizada y se vincula "activamente" con la teoría, tan a menudo desarrollada y repetida, de la total consciencia "pasiva".

Otro ejemplo, un puñetazo: está el comienzo y el impacto (o kimono que abofetea) entre los dos… Esta es la razón por la que hay una apertura cuando el objetivo no se alcanza y especialmente durante la trayectoria.

Por lo tanto, en el trabajo que hay que realizar, se pide lo opuesto, es decir, la presencia que se extiende a lo largo de toda la trayectoria (pero también, un antes y un después sin romper la presencia, el "antes y después" entonces desaparece). **La lentitud permitirá estar en total consciencia durante todo el movimiento. Pero con una condición, como en zhan zhuang: simulando todas las partes relevantes del cuerpo,** o el cuerpo entero gracias a las interconexiones.

Un ejemplo para los que no tienen este tipo de experiencia: una prensa lenta de banco. El esfuerzo muscular aumenta la consciencia del movimiento (al igual que nadar lentamente en brazada de pecho).

La diferencia en las artes marciales internas es **el Yi, intención, imaginación, junto con la "sustancia", que es el medio utilizado para la estimulación.** Sin embargo, en el "principio", la densidad de la "sustancia" es insuficiente para permitir la percepción de la totalidad del movimiento, de ahí las imágenes utilizadas y la importancia de la imaginación.

Para un experto, la presencia de la "sustancia" es consciencia, lo que quiere decir "no apertura" sin esfuerzo de atención, tampoco "en el movimiento" o "sin mover".

Sin embargo, por un largo periodo de tiempo, el esfuerzo de atención permitirá despertar lo que está dormido debido al largo condicionamiento recibido. **La reeducación consiste en efectuar progresivamente un despertar que es al mismo tiempo sensorial y suprasensorial (Qi).**

El objetivo es transformar la sustancia en tu interior, de un estado sólido a un estado líquido, y finalmente gaseoso, es decir, para abrir la permeabilidad del cuerpo al Qi.

Para recordar la secuencia ya mencionada:

- **El practicante siente dentro de sí mismo progresivamente una fuerza "hidráulica" que conecta a todo el cuerpo;**
- **Entonces "neumático", más flexible, más ligero, pero aun así igual de efectivo;**
- **Y, por último, una fuerza ligera y sutil que entra y sale como una "respiración".**

Solo el último permite realizar el "fali" o "fajing", la emisión explosiva del aliento (y no solo una acción física torpe).

No hay más niveles avanzados relacionados con la perimetría, el allocentrismo, etc., pero están fuera del alcance de esta guía.

Para resumir, el trabajo permite despertar el mismo que está dormido.

Debes "recuperar tu naturaleza de bebé"…

Empuje de manos

Según pasa el tiempo, los alrededores cambian, se transforman. Evolución o decadencia, el análisis es difícil. ¿Con qué criterios, dependiendo de qué parámetros, se puede juzgar esto? Efectividad, salud, espiritualidad, sociedad, la lista puede ser larga. Pero, sea lo que sea, todo corresponde a lo que Lao Tzu dijo "La única constante es el cambio". Un dicho, el cual puede también aplicarse a las artes marciales internas donde, en cada momento, "todo" debe suspenderse.

Sin embargo, al igual que mi amigo Severin, quien fue mi Sempai hace unos cincuenta años, estoy constantemente sorprendido por algunos aspectos contemporáneos de la práctica de las artes marciales. Más específicamente, esta sorpresa está a menudo relacionada con conocidos eventos "deportivos". De hecho, para nuestros ojos, ¿que podría ser más aberrante en las artes marciales que las competiciones modernas, donde cada adversario está intentando encontrar el "todo" en la guardia del otro para colocar su técnica? Para ello, saltan en el sitio, giran, se desvían, avanzan, retroceden, fingen, mientras esperan a que se cometa un error. Es verdad que estos muestran que deben durar, el drama es más importante que la efectividad, lo que no es necesariamente espectacular, incluso probablemente confuso para el ojo no entrenado. Estas actuaciones deportivas de las conocidas como artes marciales son solo copias aburridas de un deporte que exige valor y habilidad, el "noble" o boxeo, también llamado "estocada de puño". Pero ¿es ese el término correcto? En la esgrima antigua, se utilizaban ambas manos, unas sosteniendo una espada, la otra una daga. Movimientos "especiales" eran la norma, como el Coup de Jarnac, el cual consistía en cortar los tendones de los músculos isquiotibiales. Pero hoy en día, la esgrima también es un espectáculo y se tiene que saltar.

Recuerdo cómo, cuando era un niño, mi Maestro de armas de 70 años daba clases de dos horas sin debilitarse y sin saltar, clases cuyos fundamentos estaban cerca de los ataques de karate que conocíamos

Severin y yo en nuestros comienzos. Así que, ¿dónde está el problema precisamente, la diferencia? Ten claro que mi respuesta no tomará como una referencia, como un anciano que habla sin parar, la práctica de aquel entonces, aunque a día de hoy me parece más "correcto". De hecho, esto no va sobre nostalgia. Más bien destacaré los fundamentos de la oposición en las artes internas. Pueden condensarse en un principio, visto como un secreto en las artes marciales. ¿Cuál es ese secreto? Es "simple", **debes convertirte en Uno. Uno durante el contacto con tu propia reacción con la acción del oponente, ya sea un puñetazo o un lanzamiento:**

- O él ataca y yo me desvío, y "en ese tiempo", es decir, sin apertura, yo actúo. Todo en "un movimiento" incluyendo el trabajo de pies ad hoc. **Y, haciendo al adversario perder su soporte, si es posible** (creando una "apertura" mental en él) evito cualquier posibilidad de un seguimiento por su parte;
- O reduzco la distancia y voluntariamente me pongo en contacto con las armas del adversario, de la misma manera, actúo.

Por supuesto, está la anticipación, el irimi, el sen no sen, el esquive y retroceso etc., pero ese es otro tema.

Este principio pone en duda cualquier acción que requiera dos veces, como:

- Bloquear, contraatacar, así que dos veces (algo muy frecuente en las artes marciales). Esto nunca funcionará en una cualidad del adversario. Él nunca esperará para tu reacción quedándose estático;
- Agarrar, lanzar, así que dos veces, por las mismas razones.

No hay necesidad de hablar de los saltos…

Pero, como siempre, todo el mundo puede elegir.

Si piensas que esto es algo obvio, es ya sea que ya lo has trabajado, o "tienes mucho talento", o quizás no ves la diferencia, lo que también es posible.

Ser Uno de esta manera es similar a hacer "un único movimiento". Así que, debe aprenderse de antemano cómo ejecutar "series del mismo movimiento" o, "series de movimientos", sin apertura, en su totalidad (ver "Poner a prueba la fuerza"). De lo contrario, me temo que sin este "saber cómo" el sentimiento de ser Uno podría ser solo una ilusión. Si tienes dudas, acércate a un experto en el campo.

Lo que sigue es el comienzo del aprendizaje del principio previamente descrito. **Es el siguiente paso de "guiar el aliento",** lo que solo debe ser abordado cuando el gong fu (o kung fu: realización en un campo determinado) del practicante sea suficiente. Consiste en trabajar con un compañero que también se llama, entre otros:

- **En taiji, yi quan y da cheng: tuishou** o "empuje de manos":
- **En wing tsun: chi sao,** a menudo traducido como "ejercicios para controlar la energía";
- **En el karate gojuryu y taikiken: kakie,** también traducido como "manos pegajosas".

Como siempre, cada tradición es diferente en términos de forma. El taiji trabaja el tuishou de una manera, el yi quan y da cheng de otra. El wing tsun favorece una forma más dinámica de chi sao (sin embargo, el nombre elegido aparece apto). Por último, goju y taikiken tienen una expresión muy física en el kakie.

Sin embargo, como ya he mencionado, **los importante son los principios y no la forma.**

Para simplificar la lectura, solo usaré el término genérico "tuishou".

Cabe decir que, en general, hay dos tipos de tuishou:

- Usando una mano: "dan tuishou".

- Usando ambas manos: "shuang tuishou".

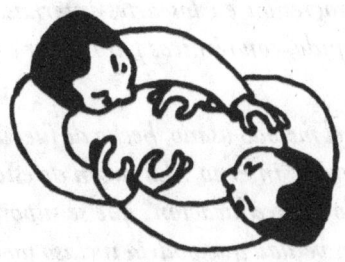

Cada uno corresponde a una situación de pelea específica. El objetivo del tuishou es mejorar el kung fu, pero también educar a nivel marcial, es decir, luchar.

- **Dan tuishou corresponde a una situación donde el contacto con el adversario ocurre en el exterior de su guarda** (con un adversario protegiéndose con el brazo izquierdo en frente, tú cruzas su brazo izquierdo con tu brazo izquierdo y a la inversa).
- **Shuang tuishou corresponde a entrar en contacto con los brazos del adversario mientras se protege** (y como sabe todo luchador, el brazo trasero del adversario no puede dejarse descontrolado, de ahí la utilidad del tuishou usando ambas manos).

Sin embargo, en ambos casos, ambos brazos tienen que ser estimulados. De hecho, en dan tuishou, el brazo que no está "activo" debe estar preparado siempre para realizar una acción defensiva u ofensiva.

Numerosas técnicas de este tipo existen en todos los artes marciales. En resumen, tu ambidestreza debe estar "despierta", ver siguiente (y cualquier posición de cambio de movimiento debe también ser posible).

Como ya he indicado, **este trabajo debe empezarse cuando del nivel del practicante lo permita. De hecho, ¿cómo sería posible trabajar correctamente con un compañero, respetando la totalidad del cuerpo, la unidad de cuerpo/mente, si eso no fuera aun trabajando de manera individual?"**

Parece tan obvio que debería ser imposible de obviar. Sin embargo, no se respeta para nada a día de hoy, porque la modernidad obliga a que el miembro de una escuela quiera aprender todo rápidamente y de una manera entretenida.

El mejor ejemplo es el deporte tuishou donde a los practicantes se les enseña a trabajar en oposición demasiado temprano. Esto no es consistente con una progresión en las artes internas, pero exactamente como en el deporte judo, con técnicas para hacer caer o empujar fuera del área de juego.

El problema es que el método usado, hecho de fuerza bruta, está opuesto a cualquier progreso "interno". La razón de esto es simple y lógica: está deconstruyendo la "reeducación" que se supone que debe ocurrir (aunque también es verdad que podría incluso no haber comenzado).

Además, como se verá más tarde, la útil "sutileza sensible" de la práctica está perdida, donde todo "error" hecho por un oponente debería permitir un golpe. En estos combates, la expresión "Cuatro liang (onzas chinas) devuelven mil jin (libras chinas)" está fuera de lugar. No hay que criticar esto, pero los aspectos positivos de cualquier deporte están presentes después de todo. Es simplemente otra parte de la práctica.

Permítenos volver a la progresión "correcta" en las artes internas.

Podría considerarse que el nivel correcto de gong fu significa que la "sustancia" está presente, permitiendo moverse en totalidad, sin la necesidad de prestar demasiada atención a la imprecisión de los movimientos. De hecho, ¿cómo puede alguien ser capaz de escuchar al otro, si alguno está aún prestando atención a su cuerpo o al Yi? A menos que, por supuesto, uno se mueva sin ser consciente de él mismo, una consecuencia del condicionamiento físico recibido.

Como recordatorio, el Yi de un principiante requiere atención y por lo tanto, el movimiento en sí debe olvidarse al nivel de corrección técnica. Y hay un gran paso para pasar de ahí a prestar atención al otro…

Sin embargo, existe una solución interesante para el principiante. Consiste en ser guiado en tuishou por una persona experimentada. Esta le guiará con un movimiento y una densidad correctos. La prueba que permite ver si estás preparado o no para entrar a este nivel de práctica es simple:

- Lo realizas de manera individual, en "poner a prueba la fuerza" (*shili*) los movimientos correspondientes al tuishou. Debe ser correcto en calidad, es decir denso, entero y unificado en acción; con o sin una posición que cambien;
- Y si, según lo que dice la tradición, **eres capaz de ser consciente de compañero imaginario gracias a tu imaginación** (sin perder tu Yi), ¡solo entonces puedes comenzar esta práctica!

Como puedes ver, no es un juego para principiantes.

¿Cómo enfocar **el tuishou?** Dependiendo de cuánta práctica se haya realizado con tuishou, la utilidad de esta herramienta varía. La progresión de aprendizaje se puede definir de la siguiente forma:

- **Lo primero y más importante, permite estar en contacto con el compañero sin perder la totalidad del cuerpo.** Y esto, en movimientos simples sin resistencia.

Recordatorio: un compañero no te resiste y participa en tu progreso, solo se opone a tu acción en un marco definido, mientras que un adversario es un obstáculo.

Cabe decir que, y esto viene de experiencia propia, el practicante que siente la sustancia en su interior y por lo tanto, la densidad de sus movimiento gracias al Yi (después de varios años de práctica) pierde parcialmente las habilidades adquiridas cuando se entra en contacto físico con un compañero. El "porqué" se explicará más tarde.

La progresión de gong fu es como sigue: de manera individual y sin movimiento; después, de manera individual con moviendo, pero sin cambiar de posición; luego, de manera individual con movimiento y cambio de posición; después de esto, con un compañero y finalmente, con un oponente.

Así que, antebrazos cruzados con los del compañero (o manos en contacto con los antebrazos) **el practicante tendrá que aprender a ser Uno con el otro** y en una definición gestual precisa. Sin cambiar de posición, obviamente.

- **A continuación, el practicante deberá desarrollar** la conocida como "energía de la escucha". Pero dado nuestro pragmático enfoque, lo llamaremos simplemente **"consciencia de percepción táctil"** (vemos aquí también la noción de "receptor").

  Sin perder el Yi (dado que la totalidad del cuerpo se ha conseguido) el practicante debe sentir a través de sus antebrazos (o manos) la variación en la dirección de los del compañero. También, según el marco de trabajo determinado, debe con el tiempo cambiar la dirección de sus propios antebrazos sin perder contacto con el compañero.

  Esta noción de "escucha táctil" es esencial en las artes marciales. Los que solo piensan sobre la "visión" olvidan que el sentido que permite reaccionar inmediatamente es el tacto. ¡Quémate y verás! El instinto sabe perfectamente cómo usar bien este sentido, lo que es esencial en distancias cortas.

  Es necesario transmitir la totalidad del cuerpo a los dos antebrazos (o manos) al igual que percibir cualquier debilidad en los del compañero. Te recuerdo que en esta etapa el trabajo se realiza en "armonía".

- De la misma manera, el practicante debe despertar la percepción del brazo (o mano) que no corresponde a su "preferencia manual" (el lado izquierdo para el diestro y viceversa). **El objetivo obvio es desarrollar la ambidestreza,** lo que es bastante importante en las artes marciales.

- Cuando el nivel es el adecuado, según la definición anterior (es decir, trabajando en armonía con un compañero tiene el mismo valor que trabajar solo) la siguiente etapa puede comenzar. Consiste en realizar el mismo trabajo, pero moviéndose alrededor (obviamente, está implícito que el practicante es capaz de hacer estos movimientos con un kung fu adecuado).

Pero este trabajo en tuishou mientras te mueves debe hacerse también en armonía. Cada uno debe ser capaz de "marcar" la dirección de su movimiento, el otro "escuchando" cualquier variación y a la inversa. Al principio, en una línea; más tarde, variando en múltiples direcciones cuando sea posible.

Hay un punto importante que no se puede obviar. Mientras "se escucha" al otro, si la dirección de tus (sus) movimientos escapa tu propia "línea central", es necesario "dejarse llevar" y no "agarrarse" a la(s) mano(s) del compañero. De lo contrario, esto significaría que estás preparado para perder tu propia protección de tu "línea central" y, por lo tanto, te vuelves vulnerable.

- **Cuando todo lo anterior se ha adquirido, la siguiente etapa, contrariamente a lo que podríamos pensar, no es una oposición, sino que consiste en aprender los principios para** (esta lista no es exhaustiva):

- Tirar y actuar en ese tiempo;
- Esquivar y actuar en ese tiempo;
- Tomar la línea central;
- Hacer perder el apoyo, actuar en ese tiempo;
- Usar la fuerza del otro;
- "Sentir" la apertura, actuar en ese tiempo;
- Crear la apertura, actuar en ese tiempo.

Cabe decir que los principios pueden conseguirse mediante la interacción con diferentes técnicas de la tradición seguida. Es en esta etapa donde las *técnicas simples* de "poner a prueba la fuerza" encuentran su aplicación.

Por ejemplo, un puñetazo no es una acción individual, sino el origen de muchos otros con el uso del brazo opuesto y un movimiento para comprometer al cuerpo completo, al igual que cualquier otra técnica.

Es posible dar un ejemplo:

- En shuang tuishou: Zuanquan: en el "momentum" natural del tuishou, cuando tu brazo trasero "se mueve de nuevo" con el cuerpo y está encima del antebrazo del oponente, el movimiento del cuerpo debe cambiarse hacia adelante, todo esto mientras se retuerce este mismo brazo encima del brazo del adversario para golpearlo con el primero (y, al mismo tiempo, con su brazo delantero, retuerces para "absorber" el otro brazo del adversario) ya sea por encima o por debajo del mismo.

- Dan tuishou: Pao quan: cuando el brazo del adversario se mueve en tu dirección y tu cuerpo retrocede; tu brazo trasero interviene "en ese tiempo" y tira del brazo del adversario hacia ti mismo y al mismo tiempo tu cuerpo, interviene en este movimiento, su avance, permitiendo tu brazo frontal para librarte de un golpe (por consiguiente, las dos fuerzas, la tuya y la de tu oponente se encuentran la una a la otra).

Hay una multitud de técnicas que hay que presentar, pero sus explicaciones requieren el sabio consejo de un maestro.

Estudiando el arte elegido de esta manera, es más fácil entender por qué algunos "despertadores" de las artes marciales han enfatizado la aberración de algunos principios en las artes marciales modernas, como:

- El automatizado hikite en karate (retirada del puño opuesto cuando se da un puñetazo, de ahí la utilidad de que el brazo en la acción vaya en dirección al adversario);

- El uso de guantes (el otro brazo al menos es útil en protección gracias al guante, pero este hábito lo hace inutilizable para otras finalidades, lo que no es el caso de las manos desnudas);

- El condicionamiento técnico de las situaciones estáticas;

- Reaccionar en dos tiempos al ataque.

Todas las tradiciones tienen estas técnicas, pero los principios de "escuchar", "acción ambidiestra", "explotar la apertura", "la sinergia de arriba abajo", "ser Uno", "compensar la sincronización" *(mientras se es Uno* permanece siempre válido).

Por último, al dominar o casi dominar lo anterior, el trabajo con un oponente se vuelve posible.

El gong fu del practicante puede evaluarse mediante su dan tuishou. En relación a su "tamaño", el experto de artes internas puede producir una fuerza inusual para un neófito. Su brazo posee no sólo la densidad de la totalidad del cuerpo, sino también "algo más" que no es entendible.

Con un experto real, en shuang tuishou, con que solo avance su pierna entre la tuya ya significa que te domina y que su acción es posible. No necesita empujar.

Haber experimentado esto con un "gran Maestro" anciano de lo interno, lo más sorprendente, la fuerza vacía, "Kong jin". Esto corresponde a una fuerza "intangible" a la que no se puede oponer resistencia. Una explicación posible de este fenómeno podría ser la absorción de Qi por alguien que domina perfectamente "la inspiración/expiración del aliento". Lo que podría explicar parcialmente la pérdida de habilidad del principiante en su tuishou inicial (una emisión débil de Qi absorbida por el otro y a la inversa).

En conclusión, se puede afirmar que el tuishou, cuando se aprende de manera apropiada, es esencial para la educación marcial del practicante y requiere, como siempre, un maestro experto.

Epílogo

Antes de terminar, creo que es necesario dar algunos consejos. El primero es **"tener una perspectiva ecuménica"**.

Toma como ejemplo "nuestra" arte marcial interna. La mayoría del tiempo, aquellos que la practican o la enseñan copiarán al principio a la cultura de referencia. Esta imitación será a menudo caricatural. Se usará el legendario vestido taoísta o budista, un vocabulario para acompañar, y la actitud circunstancial. Dejando de lado que los Maestros auténticos actuales no buscan en absoluto las apariencias de antaño, excepto algunos que compensan la falta de profundidad con este tipo de superficialidad.

Hay que evitar aprender este tipo de parafernalia, la práctica debe ser constante en tiempo y natural, sin ornamentación. Basta con que te recuerdes a ti mismo que "debes tener el estado mental correcto" y esto, incluso en apariencia. Y principalmente, no limitarte a la lectura de textos del Extremo Oriente. Léelos, estúdialos[1], pero al mismo tiempo abre tu mente a otras tradiciones de cualquier origen y, más que buscar las diferencias que alguna gente favorece en su desarrollo, buscar las cosas en común. Esto es esencial.

Pero lo más importante es que este enfoque te permitirá encontrar otras tradiciones de mentalidad abierta.

Gracias a esta actitud mental, serás capaz de ver que los elementos del trabajo, los que te han sido confiados, también existen en tu propia cultura y en una forma sorprendentemente similar.

Aquí hay algunos ejemplos de esto.
- La relación entre el Alquimista y la materia donde la calidad de su alma complementa al método en funcionamiento. Se podría cuestionar si la obra de arte es incluso posible sin esa calidad. En cuyo caso, ¿no está el Alquimista en fusión con el Todo dentro del crisol? Exactamente igual que los Maestros de meditación

---

[1] Se pueden encontrar algunas lecturas recomendadas en la bibliografía.

taoísta y budista, pero también los filósofos griegos o los monjes de Occidente en contemplación;

- El magnetizador Filiatre aconsejó en 1906 el siguiente trabajo diario:

"En el desarrollo del agente magnético (...) Insertar un hilo en una pieza de papel. Atar el hilo con un pin a una puerta, una pared, o a algún mueble, después, actúa como lo harías en los hombros de un sujeto y entrénate para intentar y tirar del papel hacia ti, pensando intensamente que debe seguir tus manos... Primero, no muevas las manos, luego, aléjalas lentamente mientras haces un esfuerzo interno como si quisieras tirar del papel hacia ti. Continúa realizando este ejercicio durante cinco o diez minutos, acercando y quitando tus manos. No tenses las manos, relaja tus músculos tanto como te sea posible y desea intensamente atraerlo."[1]

El parecido con el trabajo interno chino del Yi es sorprendente, ¿no?

- Se pueden mencionar otros ejemplos de este estilo, como el "esfuerzo mental" en hipnosis.
- Sedir, en su disertación sobre la consciencia, del mismo periodo:

"La consciencia es la habilidad de uno mismo de reconocer su distinción individualista de otros objetos; es la relación establecida entre el ser y el no ser a través de varios sistemas de sensibilidad. Su existencia presupone necesariamente la existencia de la habilidad de la percepción... Los sabios en India pensaban que la mente y la materia no son cosas opuestas, sino más bien los dos polos de la misma "luz"; una de las consecuencias de esta teoría es que lleva a los seres humanos a disfrazar las emociones e ideas con un cierto aspecto de materialidad."[2]

La teoría también desarrollada por Papus y otros estudiantes de la Escuela de Magnetismo en Lyon, fundada por el trabajador milagro Maestro Philippe, cuya tradición parece haberse perdido.

El magnetismo es la conexión con la persona, la consecuencia de empatía, que es, unión con el otro. El trabajo del Yi, de la intención, la ideación, el "crecimiento del campo de la consciencia", son los puntos comunes con el trabajo interno en las artes marciales.

---

1 Jean Filiatre, *Hypnotisme et magnétisme*. Nota: algunas copias han moificado de alguna manera el texto original.
2 Sedir, *Les Miroirs magiques*.

Esta "repercusión" parece ser universal:

- El yoga hatha, arte de la "liberación espiritual", donde el trabajo con el aliento es omnipresente. El enfoque propone el trabajo de "Asanas", posturas que permiten, como la Tradición indica, "despertar consciencia del aliento" y coincide con los zhan zhuang previamente descritos. Pero también el "Pranayama", trabajo de retención del aliento (y las técnicas de yoga hatha en general) lo que no tiene como su objetico, como se piensa hoy en día, para provocar un masaje fisiológico, limpiar el organismo o vivificar os anticuerpos, pero en lugar de conectar "el Atman al Brahman", el "aliento individual al aliento cósmico" de manera consciente.

El paralelo entre "Asanas" y la meditación de pie, "zhan zhuang o ritsu Zen" de la manera que yo he descrito se convierte entonces en obvia; y de la misma manera, el "Pranayama", lo que guía al aliento dentro del cuerpo exactamente como el "shili" o "taolu".

- También se puede hacer referencia al "dhikr" en el sufismo que consiste en trabajar con el sonido y el aliento permitiendo, según la tradición, "la liberación del espíritu hacia Dios" a través de la relación del aliento interno con el externo. O, también el "canto de armónicos", llamado "dbyangs", "vocales" en tibetano, donde se emiten simultáneamente dos o tres notas, así como el "Mantra" budista, "herramienta del espíritu" en tibetano, donde el principio es la repetición de una fórmula sonora y rítmica que sirve para guiar al "aliento".

Para el iniciado, el propósito de estas tres herramientas, al igual que con el "Pranayama", es guiar al "aliento" dentro del cuerpo y conectarlo en consciencia al aliento íntegro, pero es verdad que a veces se presentan como una fórmula "mágica" a los legos en la materia.

Este tipo de trabajo recordará al iniciado del shi sheng ("poniendo a prueba el sonido") en dacheng, pero también el norito y kotodoma en aikido, el Kiai (uniendo el aliento) en las artes japonesas. Solo la dirección difiere al principio, pero la herramienta hace su trabajo, la mutación del operador ocurre; excepto cuando "el animal interior no es asesinado" o al menos domesticado…

En otros ámbitos o tradiciones, algunos textos se acercan de una manera sorprendente a estos preceptos:

- El Evangelio apócrifo de Tomás: logion 22: "«Cuando seáis capaces de hacer de dos cosas una, y de configurar lo interior con lo exterior, y lo exterior con lo interior …"[1] o "Cuando séais capaces de convertir al dos en uno, al interior como es el exterior y al exterior como al interior…[2]

- Kabir, un místico indio del siglo XV: "El cántaro está en el agua, el agua está en el cántaro, hay agua tanto dentro como fuera; cuando el cántaro se rompe, el agua se mezcla con el agua. La verdad ha sido revelada por el sabio".[3]
- Laoshi Wang Xuan Jie de la tradición dacheng es más oscuro, pero también igual de explícito para aquellos que saben cómo leerlo: "Nada se encuentra fuera de tu cuerpo, pero sería un error limitarte a tu cuerpo. ¡La persona que pueda entender esta frase descubrirá los secretos del boxeo sin dificultad!"[4]
- Y también podemos añadir la tradición oral que afirma: "Si solo buscas dentro, no encontrarás. Si solo buscas fuera, tampoco encontrarás."

Esta lista es muy larga, incluso demasiado larga para continuarla. Todo el mundo es libre de hacer su propia investigación.

El segundo consejo es **"evitar identificarte"** ya sea con un instructor o un Maestro, o una *imagen* de una leyenda. Esto puede hacerte gracia; sin embargo, cuántos practicantes de constitución débil repiten el modelo técnico de sus maestros, quienes han sido favorecidos físicamente por la naturaleza y quienes también tienen un instinto *guerrero* nato. Esto solo puede ser una bonita ilusión. Pero, el error más doloroso abarca la dimensión "interna", porque imitar la densidad del Maestro sólo conducirá a desarrollar las habilidades de un mimo. Este tipo de ejercicio, a veces estético, no es más que un acto de falsedad, lo que no puede tener ningún impacto en los cerebros profundos: sin mencionar cualquier "estado de mente correcto". Esta "imitación animal" literal permite adornarse a uno mismo con los atributos del otro, pero solo da como resultado copias anodinas. Por supuesto, esto no se debe confundir con la empatía, lo que es una forma de transmisión consciente que permite percibir el "estado correcto" del Maestro intuitivamente.

1 http://qnosis.org/naahamm/qosthom.html
2 http://qnosis.org/naqham/qthlamb.html
3 Yves Moatty, Kabir : *le fils de Ram et d'Allah*, Editions Les Deux Oceans, 1988. Shrikant Prasoon, *Knowing Sant Kabir*.
4 Wang Xuanjie, *Dachengquan*.

Se puede hacer una analogía con el arte de la pintura. Un fabricante de réplicas puede copiar una obra de arte, pero no crearla. Por supuesto, esto solo puede ser una etapa, pero debe superarse para conseguir sentirse realizado.

Los practicantes "experimentados" probablemente recuerdan con una sonrisa cómo la tendencia cinematográfica de Bruce Lee incitó todo tipo de "copias".

De la misma manera, quedarse en los "logros" pasados de un Maestro excepcional para validar la práctica de uno mismo e identificar a uno mismo al punto de desempeñar, cuando menos, un papel, probablemente no sea el mejor camino hacia la realización personal. Sin embargo, este comportamiento es bastante frecuente; todos tenemos maestros conocidos que incluso utilizan el acento de su Maestro japonés o chino durante la clase.

Esto solo añade otra máscara a la "persona" de uno mismo ("personare" en latín: sonar a través de algo), lo que originalmente hacía referencia a las máscaras teatrales que llevaban los actores, un término que más tarde se usó por C. G. Jung.

Por último, el tercer consejo se basa en la experiencia. Es esencial, en una etapa determinada, **"dejar espacio para el "Otro" en su práctica"**. El objetivo no es convertirse en un esquizofrénico, sino también, no actuar con el "Ser", la *persona*. Olvídate de ti mismo, de tus límites, de tus problemas de todo tipo, de tus diversos pensamientos disruptivos. Deja espacio para lo que aparece durante tus meditaciones. Lo que Kabir, el místico indio del siglo XV, presentó como: "Aquel a quien fui a buscar, lo encontré justo donde yo estaba: Él se ha convertido ahora en mí, quien yo antes llamaba '¡Otro!'".[1] Esto es lo que te permitirá "encontrarte a ti mismo" y actuar "de manera natural". Pero solo la práctica puede traer el principio de una respuesta.

Este breve resumen de uno de los caminos de las artes marciales internas se acaba aquí. Espero que la información de esta Guía haya conseguido ser interesante y darte las referencias que esperabas. El camino indicado aquí no es el único que puede seguirse, obviamente, pero puedo afirmar que corresponde a un auténtico Camino de éxito individual.

Desde mi experiencia, sé que estas últimas palabras podrían sonar

---

[1] Yves Moatty, *op. cit.*

de manera diferente a distinta gente. La elección de un arte marcial puede ser puramente funcional, en cuyo caso el logro es la pelea. Para convertirse en más eficaz en caso de una obligación, de una confrontación, para reforzarse a uno mismo mentalmente, para poner valor a la imagen de uno mismo... Todo esto está a menudo en el origen de esta elección. En este caso, numerosas escuelas pueden corresponder a esta expectación, dependiendo de las inclinaciones de la persona y las oportunidades disponibles. Wushu, Karate, aikido, jujitsu, judo, lucha libre, penchak silat y otros son ahora de fácil acceso.

Lo único que falta es encontrar el maestro "correcto" que debe no solo ser un buen pedagogo, pero también un "hermano" o un "padre" a un nivel afectivo (esta última conexión es, en mi opinión, la única que permite entender y evolucionar en el arte).

Esta es a menudo la primera razón que fuerza al lego a entrar en el arte interna. La habilidad demostrada del maestro debe atraerle. La relación de tamaño/poder debe sorprenderle. La motivación inicial se suele limitar a esto.

Aquí excluyo a propósito la moda actual de "bienestar", "búsqueda de la energía" o el famoso "mindfullness".

Por otro lado, es más sorprendente observar la metamorfosis progresiva del practicante. Una transformación muy lenta, durante casi diez años, que muestra una sensibilidad aumentada y cambios sorprendentes en intereses, yendo desde lo puramente material a lo más abstracto, espiritual, artístico y humanitario. La progresión se desarrolla sutilmente, incluso de una manera inconsciente, sin una revolución aparente.

El practicante ha dedicado miles de horas conectando su percepción interna a la externa. Por consiguiente, previamente desconocía las variaciones sensitivas. Del "egocentrismo" se desplaza paulatinamente hacia el "alocentrismo". "Su" mundo se vuelve diferente, el "otro" (humano, animal, naturaleza o incluso objeto) aparece.

De hecho, ¿qué son la empatía y la compasión si no una percepción suprasensorial de la otra? ¿y no es el trabajo realizado una extensión del campo perceptual?

Al menos, esta es mi opinión y principalmente, la conclusión que he sido capaz de hacer a través de la observación de los practicantes que me acompañan. Sin embargo, hay muchas condiciones a esta metamorfosis. No hablo de cosas obvias, como trabajar de una manera "correcta" todos los días, sino de la naturaleza del ser en sí mismo. Naturaleza que debe ser particularmente sensible, intuitiva y lo que es más importante, generosa. Si esto está ausente, no se obtendrán resultados del trabajo realizado. No tiene sentido trabajar en "alocentirmso" de una a tres horas por día si el resto del tiempo tu mente es pequeña, insignificante y limitada.

En conclusión

Si aceptamos el principio de que el arte no es solo una cuestión de habilidad, sino que también es una expresión de un logro sensible o incluso espiritual del hombre, entonces las artes marciales internas deben tender hacia este objetivo.

De lo contrario, si el arte no es nada más que una expresión cenestésica de interpretar, nos mantenemos en la noción de métodos, estrategias, técnicas que son perfectamente capaces de realizar la utilidad física necesaria, pero no corresponden al mismo camino.

La confusión actual se encuentra en saber dónde se cruzan estos caminos.

Y añadiré:

El camino de las artes marciales internas es largo, muy largo, quizás incluso infinito, el horizonte se mueve contigo.

Esto es, sin duda, lo que le da encanto…

Bibliografía

- Borei Henri, *Wu Wei (No acción)*
- Chiambretto Michel, *Wushu, ombres et lumière, (Wushu, sombras y luz)* Editions Chariots d'Or, 2000
- Chiambretto Michel, *Art et tradition du travail interne (Arte y tradición del trabajo interno)*, Editions Chariots d'Or, 2001
- Chiambretto Michel, *Le Troisième Pas (El tercer paso)*, Editions Chariots d'Or, 2003
- Chiambretto Michel, *Le Souffle sous le sceau du secret (El Aliento bajo la marca del secreto)*, Le Mercure Dauphinois, 2013
- Dalai Lama y Chan Sheng-Ye, *Un encuentro de dos mentes: un diálogo sobre budismo tibetano y chino*
- Dawkins Richard, *El gen egoísta*
- Despeux Catherine, *Traité d'Alchimie et de physiologie taoiste (Tratado de Alquimia y de la fisiología taoísta)*, traducción de la obra *Treatise of Alchemy and Taoist Medicine (Tratado de Alquimia y de medicina taoísta)* de Zhao Bichen
- Filiatre Jean, *Hypnotisme et magnétisme (Hipnotiso y magnetismo)*
- Jung C.G., *El hombre y sus símbolos*
- Jung C.G., *Aion, contribuciones a los simbolismos de sí mismo*
- Jung C.G., *Psychology of the unconscious (La psicología de lo inconsciente)*
- Laborit Henri, *Éloge de la fuite (Elogio de la fuga)*, Éditions Gallimard
- Laborit Henri, *Decoding the Human Message (Descodificando el mensaje humano)*
- Pranin Stanley, *Aikido Pioneers–Prewar Era (Los pioneros del*

Aikido – Periodo anterior a la Guerra)
- Sedir, *Les Miroirs magiques (Los espejos mágicos)*
- Stevens John, *Guerrero invencible*
- Xuanjie Wang, *Dachengquan (El poder de la quietud)*

Otras referencias
- Alain Resnais, *Mi tío americano*, película basada en el trabajo de H. Laborit

Ediciones **Discovery** es una editorial multimedia cuya misión es inspirar y apoyar la transformación personal, el crecimiento espiritual y el despertar. Con cada título, nos esforzamos en preservar la sabiduría esencial del autor, del instructor espiritual, del pensador, del sanador y del artista visionario.

www.ingramcontent.com/pod-product-compliance
Lightning Source LLC
Chambersburg PA
CBHW011600170426
43196CB00037B/2915